基于文化社会学的城市活力研究
——以河北邯郸为例

严淑华　王虎平　郭林锋　著

北　京
冶 金 工 业 出 版 社
2019

内容提要

城市的持续发展是由一定的城市活力来推动并支撑的。河北邯郸作为文化底蕴丰厚的城市，其文化脉系发达，固态文化与活态文化繁多且表现丰富。探寻邯郸丰富多彩的文化表现，激发文化内在要素，在城市发展中发挥文化的影响力和辐射力，是当今乃至长时期内更加注重的首要环节。作者立足邯郸文化本意，挖掘文化内涵，彰显文化魅力，激活文化动力，形成内活力与外活力共振效应，从而为城市的发展、发挥文化的作用提供启发和借鉴，更为城市的进一步发展谋求最佳前行力。

图书在版编目(CIP)数据

基于文化社会学的城市活力研究：以河北邯郸为例/严淑华，王虎平，郭林锋著. —北京：冶金工业出版社，2019. 12

ISBN 978-7-5024-8453-8

Ⅰ. ①基… Ⅱ. ①严… ②王… ③郭… Ⅲ. ①城市文化—研究—邯郸 Ⅳ. ①G127. 223

中国版本图书馆 CIP 数据核字(2020)第 035626 号

出 版 人　陈玉千
地　　址　北京市东城区嵩祝院北巷 39 号　邮编　100009　电话　(010)64027926
网　　址　www. cnmip. com. cn　电子信箱　yjcbs@ cnmip. com. cn
责任编辑　夏小雪　美术编辑　郑小利　版式设计　孙跃红
责任校对　卿文春　责任印制　禹　蕊
ISBN 978-7-5024-8453-8
冶金工业出版社出版发行；各地新华书店经销；北京建宏印刷有限公司印刷
2019 年 12 月第 1 版，2019 年 12 月第 1 次印刷
169mm×239mm；10. 25 印张；165 千字；153 页
59. 00 元

冶金工业出版社　投稿电话　(010)64027932　投稿信箱　tougao@ cnmip. com. cn
冶金工业出版社营销中心　电话　(010)64044283　传真　(010)64027893
冶金工业出版社天猫旗舰店　yjgycbs. tmall. com
（本书如有印装质量问题，本社营销中心负责退换）

前　言

习近平总书记在党的十九大报告中指出：“文化是一个国家、一个民族的灵魂。文化兴国运兴，文化强民族强。没有高度的文化自信，没有文化的繁荣兴盛，就没有中华民族伟大复兴。”他强调：“文化自信是更基础、更广泛、更深厚的自信。在五千多年文明发展中孕育的中华优秀传统文化，在党和人民伟大斗争中孕育的革命文化和社会主义先进文化，积淀着中华民族最深层的精神追求，代表着中华民族独特的精神标识。”要坚持中国特色社会主义文化发展道路，激发全民族文化创新创造活力，建设社会主义文化强国。文化作为社会经济发展的软实力，其作用越来越突显，研究城市文化及其文化力量，激活文化活力具有非常重要的现实意义。

邯郸市是“国家历史文化名城”，早在八千多年前新石器早期磁山先民就在这里繁衍、休养生息。在邯郸悠久的历史进程中，孕育并积淀了深厚的历史文化，这是先人留给后代子孙的一笔弥足珍贵的精神财富。以赵文化为代表的历史文化为邯郸十大文化脉系之首，抒写了邯郸勇于创新和敢于抗争的精神；以“九千将士进涉县，三十万大军出太行”为标志的革命文化，引领着从胜利走向胜利的决心和力量；改革开放的实践性探索是我国社会主义建设时期的真实体验，是我国改革开放的先驱探索，是形成中国特色社会主义理论的实践基石；新时代的新精神、新发展孕育着新的机遇与挑战，是我们奋勇前行的动力。

在对邯郸文化的调研、梳理和探索中，我们不仅能够找到文化自信的源泉，同时，我们也能够从城市活力的根基上，进一步认识文化在其发展中的价值与作用。邯郸是一座古老的城市，其发展历史源远流长，其历史变化复杂多样，我们的调研和梳理只是城市发展的一个缩影，不能全面、系统地对整个影响元素与内在要素进行剖析，因此还存在片面性和不足之处。

文化的力量在未来发展中将越来越突显其价值与作用，对文化社会学的学习和研究是永恒的主题。不论城市如何发展都离不开文化的源泉，要讲好城市故事，发挥好文化的力量。

严淑华
于河北工程大学
2019 年 10 月

目　　录

第一章　导　　论

第一节　研究的缘起

一、选题背景

习近平总书记在党的十九大报告中指出：“文化是一个国家、一个民族的灵魂。文化兴国运兴，文化强民族强。没有高度的文化自信，没有文化的繁荣兴盛，就没有中华民族伟大复兴。”要坚持中国特色社会主义文化发展道路，激发全民族文化创新创造活力，建设社会主义文化强国。文化作为社会经济发展的软实力，其作用越来越突显，研究城市文化及其文化力量，激活文化活力具有非常重要的现实意义。

中国特色社会主义文化，源自于中华民族五千多年文明历史所孕育的中华优秀传统文化，熔铸于党领导人民在革命、建设、改革中创造的革命文化和社会主义先进文化，植根于中国特色社会主义伟大实践。中国特色社会主义文化的发展与实践，要以马克思主义为指导，坚守中华文化立场，立足当代中国现实，结合当今时代条件，发展面向现代化、面向世界、面向未来的，民族的科学的大众的社会主义文化，推动社会不断向前发展。要坚持为人民服务、为社会主义服务，坚持百花齐放、百家争鸣，坚持创造性转化、创新性发展，不断铸就中华文化新辉煌。文化的繁荣与辉煌又以一种不可阻挡的方式，对经济社会发展产生助力与推动，是中华民族的力量之源。

社会的发展与进步首先表现在物质文明上，新型城镇化的推进与扩大，城市（城镇）数量的增加，大都市的演进，城市群的联合，智慧城市、国际化城市的建设与理念的更新，使得城市的发展达到了前所未有的新的增长期，各具特色的城市发展、城市进步与城市力量的彰显，使得人们对城市的期待和国家对城市（城镇）的要求都发生着变化，城市的活力问题已成为未来发展的基本要求和形象展示，是未来城市发展的核心竞争力所在，是城市良性基因的展现和良性运转的基础。一个不具有活力的城市不仅会自我束缚，而且会成为社会经济发展的羁绊和桎梏，因此，挖掘城市特色、激发城市活力成为适应国家需求、适应社会发展的重要动力源。

我国新型城镇化应“以人的城镇化为核心，有序推进农业转移人口市民化；以城市群为主体形态，推动大中小城市和小城镇协调发展；以综合承载能力为支撑，提升城市可持续发展水平；以体制机制创新为保障，通过改革释放城镇化发展潜力，走以人为本、四化同步、优化布局、生态文明、文化传承的中国特色新型城镇化道路，促进经济转型升级和社会和谐进步，为全面建成小康社会、加快推进社会主义现代化、实现中华民族伟大复兴的中国梦奠定坚实基础”。新型城镇化的关键是人的城镇化，人的城镇化关键观测点就是文化，文化展示了人的特质。在城市发展中，不论是城市建设、经济发展，还是生态环境、社会进步，都源于先进文化的统领与引导，人的良性观念的形成，更是基于优秀文化的薰染与浸透。城市活力的源泉在于优秀文化浸润下的人的创造力，是生命力、凝聚力、吸引力、辐射力的全方位放射。

城镇化或城市化不仅是中国未来发展的重要趋势，也是中国发展的重要道路。城市的发展，在很大程度上，是衡量一个国家现代化程度的尺度。我国《城镇化发展规划纲要 2012—2020》已经出台，国家已经制定《中国城镇化发展规划》，不论是纲要还是发展规划，都在强调人的重要性，倡导以人为本的行事原则和理念。人是社会的主体，是城市的主体，是行为的主体，是生产力中最活跃的因素，基于社会性来看待人，社会的一切成果和后果都和人的理念与行为有着密切的关系，而这种结果，正是反映了文化对人的选择行为的影响与制约。正是因为人有了一定文化理念和水平，才有了不同的行为选择，才会导致不同结果的发生。在城市建设中，正是由于有了人，有了人的行为、选择与取舍，才有了城市的活力；同时，不同的人，受不同文化的熏陶，其理念不同，习惯不同，行为也会不同。受落后理念支配的人，他们的行为和选择会对城市的现代化建设带来负面影响和负效应。城市活力是在先进文化影响下，采取了积极行动的人用现代化的眼光和视野构建城市新体系，开拓城市新疆域，打造城市新亮点。

河北省邯郸市，位于河北省南端、太行山东麓，西依太行山脉，东接华北平原，与晋、鲁、豫三省接壤。全市总面积 12073. 8 平方公里，总人口 1051. 45 万人。邯郸区域位置独特，为晋冀鲁豫4省要冲和中原经济区腹心，是华北地区和晋冀鲁豫4省区域重要的交通枢纽，境内铁路、高速公路、国道和各等级公路纵横交错，形成了发达的交通网络，交通便捷。邯郸是国家历史文化名城，8000年前孕育了新石器早期的磁山文化；战国时期邯郸为赵国都城，魏县为魏国都城；汉代与洛阳、临淄、南阳、成都共享“五大都会”盛名；汉末曹魏在临漳建都，先后为曹魏、冉魏、前燕、东魏、北齐都城。邯郸是刘邓大军诞生地和晋冀鲁豫边区政府所在地。中央人民广播电台的前身华北新华广播电台在此开播，《人民画报》在此创刊，中国人民银行前身之一的冀南银行在此诞生。邯郸是中国成语典故之都、太极之乡、指南针的故乡、钢铁之都、五大祭祖圣地之一（娲皇宫）、第一批国家试点智慧城市、中国优秀旅游城市、国家园林城市。2017年，邯郸市入选第五届全国文明城市。多样的文化元素、丰厚的文化底蕴、多层次的文化内涵，一方面为我们的研究提供资源保障；另一方面，为进一步研究以文化力为支撑的城市活力，在向度提升和宽度拓展上提供借鉴。

二、研究意义

（一）理论意义

马克斯·韦伯说：任何一项历史事业都有一种无形的社会精神气质作为时代的精神力量来支撑，没有这一支撑，这项事业就难以完成。城市活力的研究一直以来总是以城市的建筑外观为主，集中于经济和物质层面的较多，本书从文化的社会学视角，挖掘城市的内在品质，激发城市活力的源动力，找寻城市活力的根基，铸就城市精神，并用它凝聚城市的思想灵魂，彰显城市的特色风貌，引领城市的未来发展。这不仅是对原有城市活力研究的补充，更是城市活力研究中的深邃发现，从根基上奠定城市活力研究的理论。

城市活力的研究开启了我国新型城镇化进程的又一个里程碑。社会是一个涵盖多层次内容与要素的综合复杂体，在社会的整个要素中，文化是灵魂。社会的意义在于让其主体与客体有机融合，并刺激新事物不断涌现，更好地使人愉悦幸福地生活。由此，城市的意义也在于不断激发其活力，使城市中的人能够愉快生活，创造更多更好为城市（社会）发展有价值的事物。马克思曾经说过，人等于动物加文化。那么，文化就成了人与动物的最根本区别，文化在城市活力中是灵魂。构建文化灵魂观或文化灵魂体系，在于在城市文化建设中抓住灵魂，全方位打造适宜本城市特点的文化多角度发展与建设，联合起全城市（社会）的力量，形成城市文化灵魂体系，构建研究新理论。

（二）实践意义

任何事物都要以实践为基础，在实践中形成经验，在经验基础上凝练理论，在理论指导下再进行完善与升华，并不断把这种良好的经验向其他地方推广。

作为地级市的邯郸，在其发展历程中，有成功的经验，也有失败的教训，有政治和经济的要素，也有文化的力量，应在众多激发城市活力的要素和内在动力挖掘中，不断剖析影响力和支撑力，发现新活力，建构新的模型，在城市动态发展中，不断展现新要素、新形象、新资源、新动力，为其他同级城市活力挖掘提供有利的资料和实据借鉴。

第二节　研究的理论依据

一、马克思主义城市化理论

马克思主义城市化理论是研究城市活力的支点和起点。马克思主义对城市起源的研究是我们研究城市活力的根本，城市是社会生产力不断发展的结果，生产力的进步与发展能够刺激工业的增长和社会财富的增加，促进工业化的融合与增长，资本的价值与作用推动了城市的形成，并进一步强化了城市的发展，带动了城市化的出现。由此，城市活力的激发应立足于社会生产力的发展。城市的作用是研究城市活力的要旨。马克思主义认为，城市的作用经历了一个由单项到多项，由简单到复杂的过程，从最初的防御外业侵略到后来的政治、经济、文化、社会管理等功能的逐渐齐全并趋于完善，极大地促进了社会的繁荣进步与发展；城市活力不仅成为国家活力的表征，而且一定程度上辐射了周边很大一部分地区的发展。一个没有活力的城市，不论其经济的带动还是文化引领，不管是政治的影响还是社会的宽容与制约，都会在一定程度上限制先进思想观念的传播，制约整个社会的进步。城市形态的多样化与城市前景，为我们研究城市活力提供了新的目标和标尺。

二、新都市主义观点

新都市主义（New Urbanism）是美国在社区发展和城市规划界兴起的一个新运动，产生于20世纪80年代后期，它起源于第二次世界大战前的城市发展模式，即寻求重新整合现代生活诸种因素，如居家、工作、购物、休闲等，扩充城市的承载能力，扩大城市服务领域，试图在更大的区域开放性空间范围内以交通线联系，重构一个紧凑、便利行人的邻里社区，并通过这个社区强化观念的整合与融合。针对社会发展中对城市的新要求、市民对城市的新期盼，从都市的层面强调都和市的有机结合，刻画以都市为外在展示的城市与住宅的意义、形成和新形象，创造出新一代的城市与住宅，它不是固定的物态表现，更融入了氛围、文化与艺术的要素。它的出现深刻影响了美国的城市住宅和社区发展，并很快在世界范围内流行，20世纪90年代末新都市主义传入我国。

新都市主义包含有两个方面的意义：一个是通过旧城改造，加大城市的新功能，改善城区的居住环境和文化环境，重塑新理念，回归城市；另一个是在城市的郊区发展，对城市郊区化扩张模式深刻反思，对城市边缘进行重构，强化城市的外延伸性功能，使其对周边区域的辐射更加明显。与郊区化扩张模式相反，新都市主义赞同将不断扩张的城市边缘重构形成社区，使其具有多样化邻里街区，而不是简单地形成一个人们居住的“卧城”，这样就可能实现城区和郊区的互动与互补。这对于后来的“一体化”思想具有启发和引导作用。

由此可见，新都市主义的精髓就是让都市文明与自然属性和谐共存，让城市自然化，让自然城市化。在满足人们对城市资源高度利用的同时，充分发挥城市的基本作用，充分顾及人与自然、人与人、人与社会的关系。倡导快节奏、低生活成本、高娱乐的都市“跃动人群”生活模式，强调居住背景与环境的统一、现代化生活模式与个性化生活的统一，强调物质生活与文化生活的统一，这样就形成了新都市居民生活轻松便利的居住环境、和睦的邻里关系、全力以赴地工作、尽情地享受与娱乐的生活方式。

三、文化社会学理论

文化社会学（Cultural Sociology）研究文化产生、发展特殊规律、文化价值及其对社会的作用。作为科学，文化社会学从不同的角度揭示了文化对社会的影响和意义，由于其主要代表人物的研究基础和研究背景不同，文化社会学也有很多不同的分支，但其主要宗旨、使命和最终要说明的问题基本趋于一致。

新的综合社会学的文化社会学主要形成于德国和法国，特别是德国。19 世纪末与 20 世纪初期，西方资本主义国家社会、经济、文化出现了动荡和危机，在探寻动荡与危机根由时，当时的哲学社会科学家普遍认为主要是由社会文化价值体系危机造成的，社会文化价值影响人的思想与理念，从而制约人的行为取向，直接导致迥异的社会结果。由此，他们转向了文化研究，并重新确定社会学的研究对象及理论方法。第一次世界大战德国的战败，神圣的日耳曼文化中心论破产了，更进一步激发了他们对文化的重视，德国社会学家不得不重新看待德国文化，进而研究世界各民族文化的发展，以寻找影响国家发展与强盛的文化之源。正因如此，德国 G. 齐美尔的形式社会学和法国迪尔凯姆的“集团表象”社会学随之出现。

作为社会学分支学科的文化社会学，主要是英国和美国的文化人类学或社会人类学。随着世界形势的变化、社会的变迁，人们开始由研究原始文化转向研究现代社会生活。在这个过程中，逐步演变形成社会学中的文化社会学。在这里的文化社会学，是文化人类学或社会人类学在现代社会生活中的应用及与社会学结合的产物。特别是在美国，随着都市化、移民等现象的出现，社会复杂性增加，来自不同区域、不同民族、不同人的思想观念给社会带来了多元的社会理念，思想的多元化造成了国家社会价值观念的分散，那么，统一价值观念就变得相当重要，这就要求社会学“美国化”，要求文化人类学的研究重点转向现代社会生活，从而促使了美国文化社会学的产生。F. 博厄斯在《人类学与现代生活》（1928 ~ 1938 年）一书中认为，只有深入研究每个民族的文化及其理想，探索隐含在社会变革深处的人的观念，并把不同的文化价值列入客观的研究，才能建立严格的科学。A. L. 克罗伯、R. H. 洛维等人也主张，社会学应该研究超有机体的文化现象，以说明社会历史的发展过程。W. F. 奥格本的《社会变迁》（1922 年）是用文化人类学的观点研究现代社会文化现象及其变迁的代表性著作，他认为现代社会中的许多问题起源于文化，唯有重视社会中的文化因素的研究，方可得到解决。美国文化人类学的另一个来源是民族社会学。G. 列朋在《文化社会学与民族社会学的领域和问题》（1934 年）一文中认为，文化社会学是研究人类社会中一般的文化，而民族社会学是研究民族社会中特殊的文化，后者为前者提供研究材料，前者对后者进行综合研究。

英国的文化社会学起源于功能学派的社会人类学，主要代表人物是 B. K. 马林诺夫斯基、A. R. 拉德克利夫-布朗。马林诺夫斯基在《文化论》中说："科学的人类学应当知道它的首要任务是建立一个审慎严谨的文化论。这个文化论应当包括比较社会学，统一所有的社会科学。"他还认为，科学的人类学是对各种文化作功能的分析，要"根据经验的定律"或遵守"功能关系的定律"进行。拉德克利夫-布朗在《现代社会的人类学研究》（1935 年）一文中认为，任何文化都是一个完整的体系，因而主张用社会学的方法研究各种文化现象。他把自己的功能人类学称作"比较社会学"，认为比较社会学与社会人类学是功能的理论化。他着重研究文化的功能，因此，他的比较社会学也是"功能的文化社会学"。

文化社会学研究的内容相当广泛，涉及的问题也很多，在对文化的研究与挖掘上非常深入和细致，在本书中，我们只借鉴文化社会学中的一个重要的观点和理论，就是文化对社会的影响是根本，是任何方面不能比拟的，社会变革、革命与发展变迁都是源于不同的文化。文化社会学随着理论的逐步成熟与完善，产生了多个分支，促使了文化社会学的细化，但其根本要旨和主题是一致的。

现代社会的复杂性、整体性、综合性以及同质性与特质性的存在与繁衍，为文化社会学研究提供了新的思路和更加广泛的视角，而文化社会学的成果也为现实社会提供了更好的理论借鉴与实践参考，其从多视角的文化展现中，把握各种社会现象的文化基因、发展的规律及趋势，便于为社会生活提供各种参考，便于调节人们的心理、习惯、性格、行为，便于加强文化统领、促进文明的发展，便于区域优质文化的凝练并激发区域活力和社会活力。

第三节 研究方法

一、实证研究法与人文研究法相结合

长期以来，实证主义方法论是社会学的重要研究方法，它占据了社会学研究方法论的主流地位。笔者生活在邯郸 30 余年，作为邯郸市理论宣讲团主要成员，不仅要了解邯郸发展的历史，更要全面掌握邯郸市建设与发展的优势与劣势，瞄准社会发展的契机，为邯郸的进一步发展献计献策，这就要求不断探索邯郸市发展的规律，通过非常具体、非常客观的观察，把历史与现实有机结合，彰显优势，避开劣势，使自然条件与人文要素相互协调，相得益彰。然而，研究邯郸城市活力特点与特色，从根本上说，是一定思想支配下的行为选择，在研究社会现

象和人们的社会行为时，需要充分考虑到人的特殊性，考虑到社会现象与自然现象之间的差别，特别是人在改造客观世界中的特殊作用，要用实证资料分析人文影响，用现实发展与变化阐释人与文化的作用。由此，实证资料的获得是本书研究的关键所在。

二、调查研究法

从研究设计层面看，本书采用问卷调查与访谈相结合的方法，设计调查问卷，从市民对城市的了解度、城市特质对市民的影响、城市发展与城市活力展现三个层面进行调查，把握邯郸的人文背景与市民精神风貌对邯郸城市活力的观测点和支撑点，以及不同层次问题对邯郸城市活力的影响。访谈按照预设的选取目标，进行一对一访谈，了解他们的真实想法，对邯郸多视角评判。从邯郸市内选取“十个一”进行调研，即一个广场（市民集中、娱乐休闲、愿意去的地方）、一个历史故事（对城市和市民的思想观念影响最大、并固化为本市的主要价值取向的故事）、一个典型事件（经济事件或社会事件，能够代表邯郸的现代化状况与状态，具有邯郸的典型特质）、一次重大活动（具有本城市水平的文化活动）、一位老人（亲眼目睹邯郸的发展变迁，表达出对邯郸发展的意见和建议）、一位职员（在邯郸重大决策中做出重要选择的政绩干部或重要提案人）、一位文化名人（对邯郸的文化取向、邯郸的文化宣传做出贡献的人）、一个普通市民（街头采访）、一个家庭（邯郸有代表性的家庭，或道德风尚、或贡献较大）、一个孩子（从孩子眼中看邯郸，看到邯郸的希望所在）。从邯郸对外联系中，选取一个招商引资的企业（在众多目标中，愿意到邯郸落户，并且影响较大的企业）。从邯郸周边选取一个级别相同的县市，作为参照系。

（一）调查样本的选取

本书研究的问卷调查实施，选取1000人，采用分层抽样的方式，以职业结构作为抽样的基本标准和依据，职业结构外人员按照其从事活动的特征进行抽取。由此，县处级以上领导干部中抽取5人，公务员抽取25人，企业高管抽取20人，企业工作人员抽取200人，教育工作者抽取150人，事业单位抽取100人，退休或无工作的市民抽取350人，中学生和小学生抽取100人，外来人员的自由职业者抽取50人。

（二）调查问卷的设计、试用与修改

问卷选用简单问答式，回答问题以简单为主。在问题的设计上，采用由低到高的方式逐渐深化问题，主要分为四个层面：一是被调查者的基本情况；二是市民对城市的了解度；三是城市特质对市民的影响；四是邯郸城市发展与城市活力展现。二、三、四这三个方面不是孤立的，而是相互联系、相互作用的，所以，在调查问卷的设计上也不会把三者截然分开，而是渗透在问题之中。问卷设计完成后，由调查员到当地进行试调查，通过随便抽取样本的方式，试调查100份问卷，对问卷答题结果进行总结与测评，根据结果进行适当修改，并重新调整问卷调查内容和样本的选择。

问卷采用自填式问卷和访问问卷相结合的方式。问卷的基本情况部分采用自填式，其他三个部分在调查员的引导和解释下进行问答式填写。

（三）调查员的选择与调查实施

本书研究得到了邯郸市委、市政府的鼎力支持，他们提供了大量资料，在调查队员调查过程中给予了多方面帮助。

本书研究调查员由邯郸市政府工作人员、北京今天胜德有限责任公司旗下圣德书院工作人员和河北工程大学调研小组共同组成。邯郸市政府工作人员在邯郸工作、生活多年，对邯郸的情况比较熟悉，他们常年积累有关资料，有进行调研的热情和便利条件，有一定的调查研究经验；他们诚实勤奋、吃苦耐劳、头脑灵活、善于钻研，不仅能够圆满完成调查任务，也能够拓展调研思路，取得较好的调研效果。北京今天胜德有限责任公司旗下圣德书院工作人员多年进行企业高管EMBA的培训，在我国多个地区和多个地方进行发展策划与指导工作，对各地情况了解颇多，在比较中形成特色，在了解中掌握详情，他们有很深的科学调研造诣，能够灵活而科学地完成调研任务，在实际走访中，真切感受当地生活的细节，亲身体验当地发展现状、市容市貌、隐形吸引和强大的凝聚力，在调查中，尊重被调查人员的意见，能够真实地反映被调查人的情况和想法。河北工程大学调研小组常年开展社会实践活动，完成多项邯郸相关调研，其中，关于女娲神话与娲皇宫的调研获河北省社会科学优秀成果二等奖。

（四）问卷的回收与资料分析

问卷采用当场回收的方式，保证了回收率和调查内容的真实性，比较准确地

反映了被调查人的思想，对做好课题的研究起到了相应的保障作用。

调查问卷回收后，进行整理，一是搞清回收率，二是统计各问题回答情况及所占比例。数字的详细整理与核实，是进一步做好分析的最根本保障。

第四节 国内外研究现状

一、国外研究现状

国外，尤其是发达国家，城市建立与发展较早，开展城市活力的研究也较早，而且较为完备。20 世纪 90 年代末，英国的大卫·路德林在《营造 21 世纪的家园——可持续的城市邻里社区》中，运用大量篇幅介绍了街道的特征。日本芦原义信所著的《街道的美学》提出了积极和消极空间的观点。书中运用格式塔心理学中的“图形”和“背景”的概念以及其他现代建筑理论，并引用中国的“阴阳”之说，对日本、意大利、法国等国家的建筑环境与街道等外部空间进行了深入细致的分析比较，并归纳出东方和西方在文化体系、空间概念、哲学思想以及美学观念等方面的差异。

美国夏威夷大学建筑学院教授缪朴在《城市生活的癌症——封闭式小区的问题及对策》中对我国封闭式小区提出质疑：占地面积大、人口密度高、结构组织单一，可能对社会交往产生巨大威胁。并在此基础上，结合当代中国社会发展的现实条件，提出适合目前中国国情的、趋利避害的四个设计理念：取消私有街道、取消小区、取消作为防卫单元的建筑群、建立作为公共中心的共享街道。亚洲各国中，日本在这方面的研究较为领先，设有“人－环境研究学会（MERA）”。1971 年，丹麦的扬·盖尔在《交往与空间》中，对日常生活和各种户外空间、户外活动及其相互作用，以及规划与建筑设计如何支持和阻碍社会交往和公共生活进行了细致的分类研究，论述了日常社会生活对环境的要求，提出了创造充满活力并富有人情味的户外空间的有效途径。简·雅各布斯（Jane Jacobs）于 1961 年出版了《美国大城市的死与生》一书，对当时城市空间的分析提出了许多见解，整体性地批判了以柯布西埃为代表的在现代建筑运动中建立起来的现代城市空间分析观点。他认为城市骨架最基本的要素是街道和广场，而不是现代主义建筑运动和理性功能主义所认为的建筑和道路或公路。城市街道和广场决定了城市。她说：“城市中道路担负着重要任务，然而路在宏观上是线，微观上都是很宽的面。街道是城市中最重要的公共活动场所，是城市中富有生命力的器官。”

新都市主义出现在20世纪90年代以美国为主的西方建筑界，现在普遍得到了人们的认可。其核心思想为重视区域规划，强调从区域整体的高度看待和解决问题，以人为中心强调建成环境的宜人性以及对人类社会生活的支持性，尊重历史与自然，强调规划设计与自然、人文、历史环境的和谐性。其规划思想的原则是为人们提供居所，提倡城市多功能混合，设计可以步行的街道和活跃多样的公共场所，有便捷的公共交通等。1982年，日本学者渡边仁史在建筑学大作《环境心理》一书中系统总结了日本的有关研究。

二、国内研究现状

与世界各国相比，我国在这一领域的研究起步较晚，20世纪80年代初才从欧美和日本等发达国家引入有关理论和方法，目前建筑学领域内的此类研究较少，大多数研究理论是从社会学、心理学、人类学等其他学科角度探讨。在《揭开行为的奥秘——行为科学概论》一书中，冬青谈到影响个体行为的因素是多方面的，主观方面有生理因素、心理因素和文化因素，客观方面有自然环境因素和社会环境因素。人生活于群体之中，其行为受到环境的影响，反之又作用于环境，形成对集体的影响。

2007年11月国内学者沈磊出版了《效率与活力：现代城市街道结构》一书，书中以宁波市为例，通过对城市“街”与“道”、结构与空间形态的研究，在理论、管理、设计、实施四个层面上深入探讨了与城市生活共生的交通，对与城市规划并行的交通规划提出了“效率与活力并重”的主旨思想，即在现代城市中找到一条效率和活力并存的发展之路，探索“街”“道”分离，“街区”和“道区”等新的城市规划手法，目的在于提醒在城市规划设计与城市规划管理中注意道路网络功能。在城市活力研究中，最突出的是2007年3月国内学者蒋涤非出版了《城市形态活力论》一书，对城市活力概念所具有的开放性和混沌性特征构建具有开放性的理论框架，通过对城市的生命体特征以及“市”和市井生活的分析确立了城市应具有活力这一前提，通过对城市设计中的经济活力、社会活力、文化活力营造的分析与归纳构建城市活力营造的宏观视野，通过提出交混原则、公共生活原则、自组织原则确立城市活力营造的指针。2006年湖南大学硕士研究生彭钢在其撰写的论文《城市街道活力的营造》中提出营造城市街道活力的条件主要有两个方面：一是营造空间形态良好的街道场所是活动赖以发生的容器；二是容器中人们的各种生活和行为活动要丰富和多样化，只有将两者有效结合起来才能达到实现城市街道活力这一目标。上海交通大学李永华的博士论文《基于城市经济增长性的城市人才活力研究》，强调了人才活力的双向影响，人才活力对城市经济力的增长和提升的作用。东北财经大学吕名扬的硕士论文《城市活力指标体系的构建与评价》，选取了经济、社会、人才等24个指标，以内蒙古为例，对内蒙古城市活力进行评价，分析影响因素，这是在城市活力研究中，比较全面把握促进城市活力要素的微观分析。

第五节　研究内容与创新

本书在学习国内外研究的基础上，不断探求新的研究思路、内容和方法，以邯郸实地考察为前提，全方位掌握详细资料和情况，对调研结果反复斟酌筛选，建立自己的研究体系，结合前人理论成果，构建自己的理论框架。

一、研究内容

本书共分为七章。

第一章导论，对本书的研究背景、研究意义、研究的理论基础、研究方法、国内外研究现状进行阐述，同时对全书的主要内容和创新之处进行介绍，旨在对本书的研究从总体上进行介绍和把握。

第二章理论框架与核心概念界定，在分析和借鉴已有研究成果的基础上，确定和构建本书的理论视角和分析框架，对本书的核心概念进行界定，提出主要的研究假设，为进行本书研究做前期说明，并设定研究条件和范围。

第三章城市文化与城市活力辨释。阐述城市与城市活力的内在联系与诉求，城市活力的要素、影响因素，探寻城市活力之源。

第四章河北邯郸城市现状与内活力展示。介绍邯郸现状与城市活力的人文积淀，分析城市活力的社会机制需求，剖析邯郸城市内活力要素，展示邯郸静活力与动活力，研究城市内活力激发。在此基础上，讲好邯郸故事，在打造城市新亮点中焕发新活力。

第五章河北邯郸城市外活力展示与塑造。城市内外活力的区分是本研究的亮点与特色，对城市外活力做好界定，规范其范畴，介绍城市外活力的要素与意义，树立城市外活力理念，促进城市外活力的实施与实现。

第六章以文化社会学为基础的城市活力模式构建。对邯郸人文环境与促成城市活力的效果进行 SWOT 分析，建立现代社会城市活力新视野，构建城市活力的模式，营造当代中国城市活力新环境。在城市发展与城市活力挖掘中，不同的城市采用的模式不同，本书选取几种较为成熟的模式进行比较分析，确定邯郸所采用的文化活力要素为主的城市活力的优劣。

第七章结论与展望。随着社会的发展，新型工业化、新型城镇化、信息化和农业现代化的不断加强，并不断向更好更完善发展，城市活力的要素与要求也会不断变革，对城市发展与城市活力进行展望。

二、研究目标

以马克思主义城市化理论和新都市主义为理论依据，以河北邯郸的现代发展数据为实际引导，以文化社会学为理论基础和研究视角，分析城市活力影响和制约因素，发掘城市活力热点；以系统论研究为体系，构建以人为本的城市活力机制模式。

三、创新之处

（1）本书以文化社会学对城市影响并激发城市活力为前提，既关注外观建筑与设计的空间城市活力，又关注经济与物态活力，但是，本书最关注和研究的是注重城市的本质与根本活力的挖掘——文化根由与观念根基的城市活力，这也是本书研究的显著特点。

（2）本书的研究不是单方面的，是一个综合联动体。运用社会学和系统学衡定城市活力，更有助于分析社会的主体——人对于城市活力的贡献与塑造。

（3）本书对城市活力进行了内活力与外活力的区分，并提供有关内活力和外活力的不同研究思路和研究要素，不仅关注城市本身和城市内部的活力，更拓展了研究的视野，注重本城市与外在的联系，运用辩证唯物主义观点及普遍联系的观点，把邯郸具有的外联、外在影响的城市外活力纳入研究范围。

第二章　理论框架与核心概念界定

第一节　理论分析框架

河北邯郸历史文化悠久绵长，文化底蕴深厚，有着独特的文化背景和文化支撑力。本书研究在对河北邯郸经济社会文化协同发展进行详尽分析的基础上，探求激发邯郸城市活力的根源、制约城市活力的因素、城市内活力外活力展现及其相互关系，对邯郸城市活力表征进行SWOT分析，鉴别各种城市活力模式，从而挖掘打造新型城市活力的新模型。

（1）邯郸近年发展状况与城市活力激发根源。邯郸位于河北省南部，与河南、山西、山东接壤，是一个地级市，邯郸文化活力的彰显对我国其他城市激活文化活力有着重要的参考作用。在我国城镇建设中，邯郸是整个国家城镇中的一分子，属于有代表性的城市，具有一定的特色和内涵。正像家庭是社会的细胞一样，家庭的教育与家风的影响对家庭成员在社会中的言行起到至关重要的作用。那么，作为全国较为普通的城市，其活力展现与发展状况的良莠，会像核裂变一样弥漫到全国，在很大程度上影响和制约城镇化进程和城镇化率以及城市活力的涌现。本书研究从小处着手，眼观高远，伸展研究成效，铺宽城市活力的价值与成果。邯郸市这些年不论经济发展、城市建设、社会建设，还是文化建设都取得了令人瞩目的成就，这都给研究带来极大的看点和吸引力。

（2）探求激发邯郸城市活力的根源、制约城市活力的因素。从邯郸城市发展看城市活力制约因素，是在对客观实际考察的基础上，分层剖析城市活力的根源所在，从中勾划城市活力的制约因素。邯郸的发展无论是在当地，还是地级城市的对比中都能显现出其突出的特点，邯郸的快速发展，展现了强大的城市活力，迸发出继续发展的动能，本书研究拟从物质条件、制度因素和人文要素等方面加以阐释。

1）物质方面主要包括地理位置、自然经济条件、人口状况、物质资料生产方式等，不仅考察邯郸在这几方面的现状表现，同时考察邯郸这几个方面表现出的特色，以此找寻邯郸如何避开劣势，把优势发扬光大的路径。

2）在制度因素方面，主要考察邯郸过去20年和近10年的经济制度、社会发展制度、教育制度、科技制度、文化制度、人才培养模式与用人制度等，旨在探索一种各种制度相互衔接、相互影响、相互补充的规范高效运行，不以领导人的变更而改变，不以个别人想法的改变而改变的良性制度约束机制。在这样的制度约束下，实现整体协调的统一性。

3）在人文要素方面，重点把握邯郸城市文化脉络、城市精神、核心价值导向、城市故事、风俗礼仪、市民素质。这是本书研究的核心内容，本书研究的城市活力本质就是源于城市文化的活力所在。没有文化内涵的城市也许会有一时的经济腾飞，但不可能有永久与永续的蓬勃发展；不基于文化内涵和底蕴的城市活力，不可能被群众承认，也不可能长久保持。

（3）城市内活力、外活力展现及其相互关系。城市活力表现为城市内活力与城市外活力，内活力与外活力共同作用、相互支撑才能从整体上激发城市的活力，才能有长久的生命力、凝聚力、外张力、辐射力。城市内活力是城市内部环境、政策、文化底蕴与城市精神的综合体现，是城市具有生命力和长久发展动能的金钥匙，是获取巨大凝聚力的能量。城市外活力基于马克思辩证唯物主义理论，世界是普遍联系的整体，离开联系就不称其为世界。一个城市的发展不仅与国家的政策、策略有密切的关系，是正确路线指引下的选择；而且还与周围区域或更广阔的区域有着重要联系，没有相互支撑的双方，是不可能赢得自身的进步与发展的。在外活力中，主要体现出外张力、吸引力和辐射力，城市一方面从周边区域吸取营养，另一方面对周边区域有带动和辐射作用，对周边区域起烘托作用。

（4）对邯郸城市活力模式进行SWOT分析、鉴别各种城市活力模式，从而挖掘打造新型城市活力的新模型。SWOT分析本来是企业态势分析方法，是基于内部的优势与劣势和基于外部的机会与威胁分析的缩写，在这里，借用这一分析方法，对邯郸城市活力模式进行优劣势分析，旨在剖析各种要素和模式的优点与缺陷，在发展中不断完善，并能找到具有推广价值的以文化社会学为基点的城市活力新模型。

在具体研究中，本书本着从简单到复杂、从低级到高级的分析认识过程，通过现实调研发现问题，找到原因，厘清脉络，根据实践分析升华为理论层面，使其具有普遍性意义，对实践要素的细节进行详尽剖析，逐步深化，找出深层次缘由。具体研究思路图如图 2-1 所示。

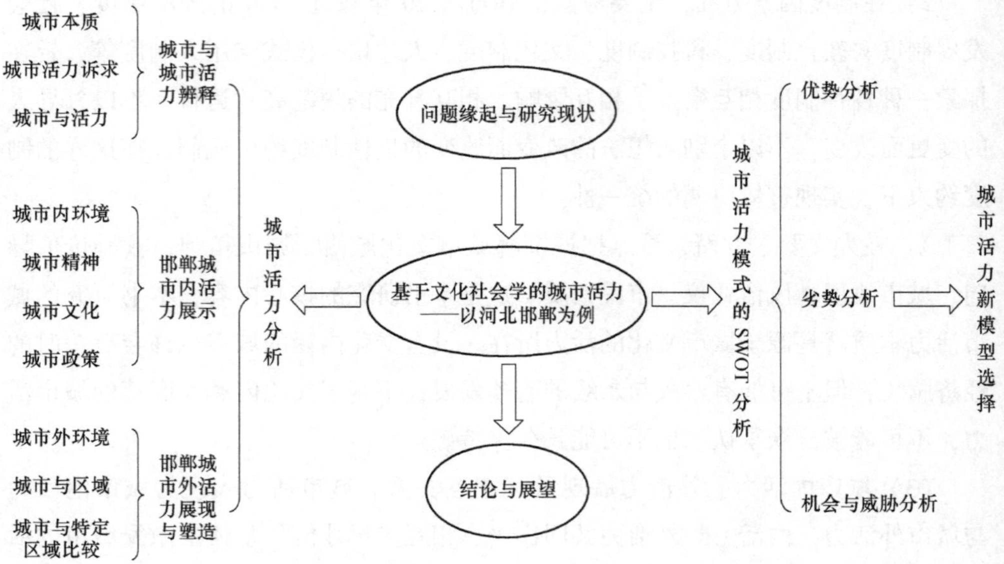

图 2-1　研究思路图

本书在借鉴其他研究成果的基础上，构建自身的“城市活力理论与实践”研究框架。首先，对新时期、新阶段城市活力内涵进行新的界定，突显社会学意向与维度，不仅涵盖物质要素和经济因素的特征，更注重和突出人文特征和人心向度；其次，依据对河北邯郸的实地调研与分析，以实例证明城市活力的来源和城市活力的展现方式，城市的内活力与外活力，以及城市活力的构筑基础、观测点的选择与确立；再次，以现代社会的需求与发展为契机，打造适应现代社会需要的新型城市活力模型。

这是本书研究中主要依据的理论，在研究内容上，书中侧重对文化社会学理论的运用与分解，从文化社会学的不同视角对待和分析现实社会中邯郸具有城市活力的根由所在，延展文化社会学理念，并通过理论与现实的有机结合，挖掘邯郸进一步发展、进一步创造城市新活力的动力源。

第二节　核心概念界定

本书的核心概念主要包括城市、活力、城市活力、城市内活力、城市外活力、城市活力模式等，特别是城市活力一词，在社会学研究中，有很多不同的理解和解释，对此，要做出研究的界定，才能在研究中把握度的要求，不偏离研究的主旨、领域和范畴，突出主题与核心。由此衍生出的其他概念，也是本书研究的重点界定概念。对核心概念的具体界定如下。

一、城市

城市本身是一个争论颇多的概念，不同的学者对此有不同的描述。比如，路易斯．芒福德（Lewis Mumford）1938 年在所著的《城市文化》（The Country of Citis）中描述：城市作为历史的产物之一，是社会权利与文化的最大限度的集中。人类生活的方方面面，包括社会效能与其重要性，都在城市中交汇。城市是社会关系交融杂合的形态与象征，是庙宇、市场、执法厅及学术场所的载体。在城市中，文明的产物不断发展、衍化；人类的经验逐渐演变成真实可行的符号。城市是行为象征，是秩序构成的系统（1938/1995：104）。

Raymond Williams 对于城市的理解与描述与芒福德相反：由文明构建起来的巨大建筑、会议场所、图书馆、电影院及高楼大厦，这些构成了城市。此外，还包括一些动态的元素，譬如房屋、街道以及各式各样的人们为了种种目的而产生的喜怒哀乐。世界上的许多城市——斯德哥尔摩、佛罗伦萨、米兰，它们之间有很大的外在区别，但人们却可以感受到同样的城市脉搏（1973：14）。两位学者虽然观点迥异，但都将城市描述为文明与文化的象征，芒福德更注重城市的功能，而 Williams 更关注外在形象的展示。

对于城市的描述或关注是多种多样的，马克思主义认为，城市是人们活动的汇聚点，是生产方式、社会分工和军事组织方式的产物。城市是相对于乡村而存在的一种人们聚集生存的方式，是社会进步与发展的产物。在这里，城市不分大小，不论人口多少，只要具备规定的城市特征，在本书中都适用城市及其活力的追逐。由此，本书中定义城市具有以下几个特征：

（1）城市首先是相对于乡村而存在的。城市和乡村都是人类聚集的基本形式，只是二者产生的条件、人类聚居的方式、人们之间的关系等不相同，但二者是相辅相成，密不可分的。没有乡村也就无所谓城市；反之亦然，若没有乡村，城市的概念也就失去了其意义。

（2）城市人口集聚的主要表现是多元集聚。城市相对于乡村来说，其人口的聚焦能力随着城市的发展而越来越强，而这些集聚的人口，不像乡村一样具有一定的血源关系和亲戚关系、乡土关系，城市人口集聚的形式多种多样，然而大部分是丢失土地的人们，离开乡土，以商业和工业、服务业等为生存方式而聚集在一起，组成行业繁多、社会分工明晰的人口集聚地。

（3）城市的基本特征是要素聚集。城市不仅是建筑密集、人口聚居的区域和场所，更是是生产、交换、消费的集中地和集散地。城市集聚效益是其不断发展的根本动力，也是与乡村的一大本质区别。城市各种资源的密集性，使其成为一定地域空间的经济、社会、文化辐射中心。

（4）城市发展的多样性与动力系统的复杂性。在古代，“城”与“市”是含义不同的两个概念，“城”指的是有固定界限的城邑四周的墙垣，这种墙垣分为两种：里面的叫城，外面的叫郭。当只用“城”字的时候，它代表的包含城与郭；“市”在古代一般指集中买卖货物的固定场所，亦即市场。城市合起来就是在固定的区域中进行商品交换、货物流通的地方。随着经济社会的发展，人与人的交流不只停留在商品的买卖上，其经济、政治、文化、社会等功能不断繁衍开来。设市的地方就成了工商业集中处或政治、文化的中心。当今世界的经济全球化、政治多极化、社会生活多样化的状况，给城市的发展带来新的亮点和新的增长极，使得城市的发展不再局限于商业化方面，亦即经济的刺激，在很大程度上，经济、文化等多种因素共同托起了城市的发展。

（5）城市越系统化，要素越复杂，社会问题也会随之增加。城市的发展越来越细化，包含的内容也在不断增多，成体系化的方式、系统化的增长已相当明显，比如经济子系统、政治子系统、社会子系统、空间环境子系统以及要素流动子系统等，这些子系统不仅内部要素相互融合，更要求城市各要素及各系统之间衔接更加紧密，配合更加密切，以更好地完成与完善城市的运转，为城市带来活力。

二、活力

《当代汉语新词词典》对“活力”一词的解释为：（1）指旺盛的生命力；（2）借指事物得以生存、发展的能力。活力对应的英文为 Vigo（ur）、Vitality、Energy。活力一词来源于生物学、生态学概念，意指生命体维持生存、发展的能力，其引申含义较为抽象，在表述上，针对具体事物有不同的表征差异性。

本书引用这一概念，有以下三个表现：一是指其机体的生存和发育充实，有一定的长足发展势头；二是指在现行展现中，其有足够的影响力和活跃度，有向外幅射和拓展的空间；三是其带有强大的发展力，在未来的成长与发展的进程中，有不竭的动能。在此，也有一个起点与源头的探索，活力的源头就是机能的正常与健康，在病态的机体中，不可能孕育出茁壮的活力，也不可能向外迸发。活力除了机体本身的机能以外，还具有吸纳、消化和提升的功能，对外在的影响功能，吸附功能等表现。

三、城市活力

城市活力，基于对活力一词的界定，作者认为城市活力也就是城市旺盛的生命力，包括城市自身的成长发展能力，城市对内的凝聚力、向心力，城市对外的辐射力、吸引力，城市未来发展的长效能力和拓展能力。

凯文·林奇在谈到城市活力的内涵时，包含了“旺盛的生命力”的意思；而简·雅各布斯和伊恩·本特利的城市活力，则意指“城市提供市民人性化生存的能力”。城市的活跃度和其有机状态是城市具有旺盛生命力的基础，活力是针对生命体所特有的新陈代谢节奏、有机组织形式等的旺盛程度的一种阐释，生命体机能越旺盛、新陈代谢节奏越快、接纳新事物的能力越强、随着社会变化转型反应越灵敏，其城市活力越高。

在现在的研究中，很多人把此具体化为经济活力、政治活力、生态活力、文化活力等。本书中，不再把城市活力具体分化，而是从城市的历史看其积淀，从现实的发展看其展现，从长远发展看其动力，也就是更加注重从纵向来反映城市活力的作用与价值，不从横向对其进行说明。

城市本身就是人类文明的主要组成部分，城市的出现，不仅是生产力发展的结果，也是人类文明发展的结果，更是人们追求文明的结晶。伴随人类文明的进步，城市活力的文化要素和内化价值必将起到长远且深化的效应，而城市活力的具体展现也必将以文化的升华和拓展为主要方式。

在芒福德与 Williams 的感召与融合中，在凯文·林奇、简·雅各布斯和伊恩·本特利论断的参照下，在马克思主义城市理论的指引下，面对城市纷繁的物质经济表象，如何正确认识城市的主体，如何挖掘城市活力的源泉，如何选择适合自身城市特点的城市活力新模型成为新时期城市建设的新课题。

伟大的建筑师路易·康（Louis Kahn）曾说：“我爱起点，我为起点而惊叹……”他对起点的追问是我们研究问题的重要方法。城市与城市活力的起点是什么？从什么开始真正的研究与探索？这是正确思路、正确方向、正确方法与能正确解决问题的关键。20 世纪 20 年代，美国芝加哥学派的 R. E. 帕克认为，城市的外观结构从本质上应看成是人类的特征，城市的本质就是人类的化身。“城市给人留下的印象，首先是它那庞大而繁复的结构。但是，这种结构特性终究还是发端于人类特性的，而且也就是人类特征的一种表现形式”[1]。中国学者单文慧认为：“城市的本质是人的聚集，是群体与个人的活动网络构成了城市的深层结构，也是城市具有活力的真正原因。”法国哲学家及作家卢梭（Rousseau），更明确地认为：“房屋只构成镇，市民才构成城（Houses make a town，but citizens make a city）。”由此可见，城市的主体是人，城市的建设与发展源于人，而马克思主义认为，人等于动物加文化，人如果没有了文化就等同于动物。由此，城市的根由从人与文化开始。

四、城市内活力

城市内活力是本书研究的重要支点之一，是本书研究区分其他研究的一个重要概念。城市内活力源于城市活力的界定，特指城市本身的新陈代谢度，向纵深拓展的能力，供给市民的人性化生存能力和凝聚力、向心力的强弱。城市内活力概念的提出，一方面，对城市活力的功能与范围进行了新的划定，有利于城市活力的功能拓展、开发与发挥；另一方面，城市内活力还创造了区别各种活力指数与效用的先河，为更好地分清活力源、创建新型活力网、正确而最优化的开发各种活力奠定基础。城市内活力的主要表现有：

（1）城市自身发展的动能展现。一个城市的内活力，源自城市的内部，表现为其强劲的发展势头，并且长期发展的动能牢固，不论是城市建设、经济发展还是社会进步等多方面，都能表现出其上升，向更高更快更强方向的延伸。

（2）城市凝聚力、向心力展现。在城市的自我发展和自我提升过程中，表现出的自觉的凝神聚力的气势与精神，这种精神在政策落实和执行中，一方面得到市民的拥护和支持，能够自觉执行并完善其政策政令；另一方面，带动新的创新开拓，拓展向上发展的新动能。

（3）城市自身的活跃度展示。人本思想在城市建设中的应用广泛，市满意度高，并能通过各种方式展现这种满意。对政策的满意，对市政决策的满意，对市环境的满意，都能通过日常的生活和行为方式表现出来，全市和谐度上升，市民关系融洽等。

（4）城市文化底蕴展现。城市文化积淀丰厚，传统文化影响下的正能量表现明显，历史上的积极文化和先进文化深入民心，影响着一代又一代人的价值观，社会主义核心观成为城市的行动指南。社会文化对个人价值观念的形成与确定有很大影响，中国传统文化源远流长，社会主流文化的先进性表现突出，居民的价值观和行为均受到来自传统文化，特别是儒家文化的影响，儒家强调的教化，以德施德，尊崇自然，敬畏先祖等思想意识，在全国人民心目中已根深蒂固，虽然某种方式和某些方面，存在着“差序格局”，但整体上还是有很多相同的思想来源。

五、城市外活力

城市外活力是相对于城市内活力而提出的一个新概念，在于解读在城市活力中向外辐射，对外影响力、对外吸附力与吸引力的一个方面。城市外活力主要表现在以下几方面：

（1）城市对外的吸引力和辐射力强大。城市在社会中生存，它不是孤立地存在着，城市的内活力之外，还存在着与周边地区或地域的关系。这种关系不一定是平等与平行的，一个充满活力的城市能够引起周边地区的关注，并能够对周边地区形成引力，吸引周边人到本城市来寻找就业创业渠道，吸引周边财富向该城市转移。

（2）城市对周边地区形成互补和带动能力最大化。城市的发展是和社会的发展相一致的，孤立的存在与发展不具有发展潜力和活力，一个城市的发展应当对周边地区形成带动力，在城市的各方面能够和周边的发展形成补充。

（3）城市在当地的活跃度强。一个有活力的城市，在当地应该有知名度，有一定的特色。

六、城市活力模式

一个城市的发展，不固守一个固定的模式，在不同的时期、不同的地域、不同的条件下，城市活力激发的模式都会有所不同。但是，城市的发展也会有相同之处，城市活力的激发也会有相通之处，所以，探索各自的城市活力模式，使之在淘汰和选择中，择取更适合自身发展的新模式；在发展中，实现城市活力的动态变革；在变革中，选择更好的城市活力动态模式。

第三节 研究假设

城市活力本身不论是从其含义上，还是从社会发展的活力模式选择中，不同的人都会有不同的看法，不同的城市有不同的活力激发模式，国际上也会有很多不同的观念和做法。这种差异的存在，使得探索城市活力的原因、要素、模式都要在一个统一的范畴中来进行并完成。因此，本书提出假设1。

假设1： 城市活力的范式是以改革开放以来，特别是新型工业化、新型城镇化、信息化、农业现代化"四化"协同发展提出以来的城市建设为基点。

改革开放前后，我国的经济发展水平相差较大，在城市发展问题的观念和起点也存在明显差异，改革开放以来，我国在政策、观念、意识等多方面发生了翻天覆地的变化，特别是观念上有一个大的转型，在我国的经济发展水平显著提升的同时，不仅带来了城市发展的机遇，更带来了城市发展的大环境、大气候，当然也存在着一定的危机。在城市化与城镇化问题上，有很多不同的甚至相左的看法，对于城市与城镇的争论一直没有停止过，尤其在多梯度的社会结构中，城市与城镇的发展，不论在条件上，还是在理念上，都存在着差别。由此，本书提出假设2。

假设2： 城市与城镇从根本上没有太大的区别，只是区域的大小和人口的多少之间的区别，不从其优势与功能性上界定其差别。在研究中，不再以其他涉猎的多种多样的差异为差序评估的依据。

在我国，不论是在人口数量、质量、形成背景、功能性、优势力还是发展的趋向与发展前景多个方面，城市与城镇都有所不同，而且会有很大差异，比如文化要素的制约，大城市由于发展早，城市文化蕴含丰厚，有利于带动大城市内涵增厚，同时，也会有文化的多样性带来的各种纷扰和变异。但在我们研究的过程中，这些条件上细微变化引起的城市变化及城市活力变化，不再纳入辨析的范围，以减少由于小的漏洞引发的城市活力文化要素的不平衡，况且，这不会影响城市的内涵与性质的根本变革。相对来说，大环境的冲击对于任何城市或城镇都是一样的，是政策与国家制度的总体承载的结晶。但一个城市的接受度、对政策的理解度不同，周边环境不同，城市的发展也会有所不同。基于此，本书提出假设3。

假设3： 城市内活力的活跃度高于城市外活力的活跃度，而且，在城市活力的展现中以城市内活力为主要承载展现方式。

根据马克思主义的内外因辩证关系原理，事物的内部矛盾（即内因）是事物自身运动的源泉和动力，是事物发展的根本原因；外部矛盾（即外因）是事物发展、变化的第二位的原因。亦即内因是变化的根据，外因是变化的条件，外因通过内因而起作用。那么，一个城市的发展，首当其冲的应该是城市的内部矛盾推动城市的发展，即内因，那么，城市的内活力是城市发展的动能，是城市活力的主要展现。根据根本原因，城市的活力表现出来的有经济、环境、生态、文化等多个方面，但究其根由，人是城市的主体，是城市的活跃因素，人的思想、人的意识观念、人的文化在城市内活力展现中起主导作用。因此，本书提出假设4。

假设4：一个城市的文化发展催生了城市发展的强劲动力，是城市活力的最终源泉，在城市活力的探讨中，注重文化的影响带来的城市发展动力。

任何一个城市的发展都要受到多种因素的共同作用，文化作为软实力，是贯穿整个城市的纵横多个向度的精华所在，一种文化的制约，左右着城市社会经济发展的取向与维度，从而制约了城市发展的成效，影响了城市的活力与活力的展现。但文化的要素又是多种多样的，所反映出来的状况也会多种多样，甚至存在相反的离心力量。所以，本书又提出假设5。

假设5：城市的社会文化的选择是正向的，社会文化变量对城市的发展呈现出向上向前的趋势。

几千年的历史长河，铸就了中华民族辉煌灿烂的文化，这些传承下来的文化有的以固态方式存在，有的以活态方式存在，有的是无形的存在，但已流淌在人们的心中，这种文化的影响和价值体现是任何事物无法替代的。在文化的传承中，有低俗的、庸俗的、病态的不良文化，但城市活力的激发都是源于先进文化的引领，都是基于文化的正效能和正效应的作用显现。城市对文化正效应的选取是积极的，而且是对城市的发展有促进作用的。

第四节　数据来源与情况说明

本书数据以本地公文中公布的数据为基准，参阅其城市发展与社会定位、文化弘扬与内化城市文化的路径与城市精神，在此基础上，进行了规模调研，调研数据亦作为本书研究的支点。

调研说明：

（1）发放调查问卷和随机采访1000人，以调查问题中对职业一栏的填写为依据（如图2-2所示）。

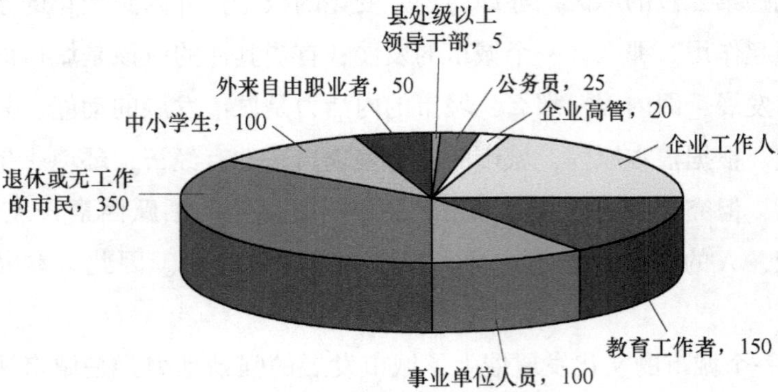

图2-2　受访者职业状况

（2）参与社会问题调研的多数为男性（如图2-3所示），工作人员中多数为男性，我们课题调研组有意识地多选择了女性被调研者，因为女性对城市文化、城市形象的感知较为敏感。

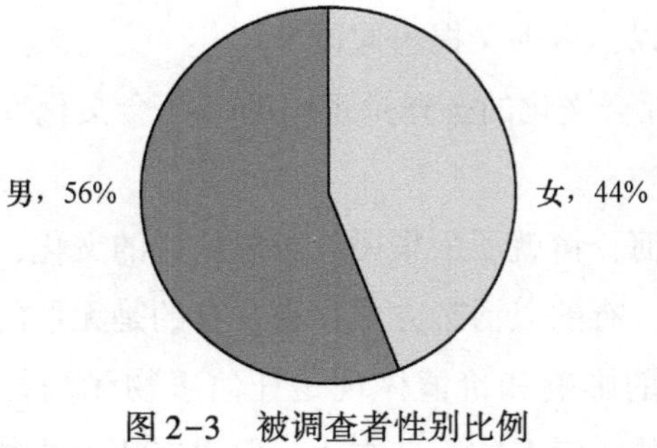

图2-3　被调查者性别比例

（3）被调查者的年龄分布如图2-4所示。由图2-4可以看出：1）55岁以上的市民占16%，最关注养老、城市活动场所、城市福利、便民措施等；2）25～35岁的市民占41%，多关注物价、经济发展、交通、学校教育等；3）35～55岁的市民占43%，多关注城市文化遗产、交通问题、城市文明秩序、基础设施建设等。

（4）在被调研者选择上，注重以普通市民为主，不以大中专学校为主（如图2-5所示）。

（5）邯郸的文化标签比较多，在十大文化脉系中，我们设定被调研者只选

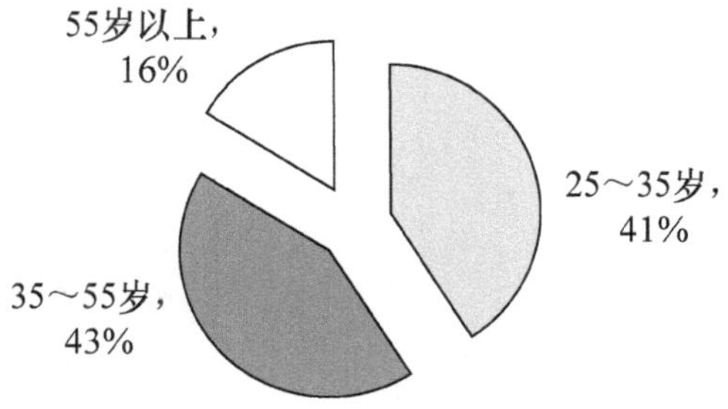

图 2-4　被调查者的年龄分布

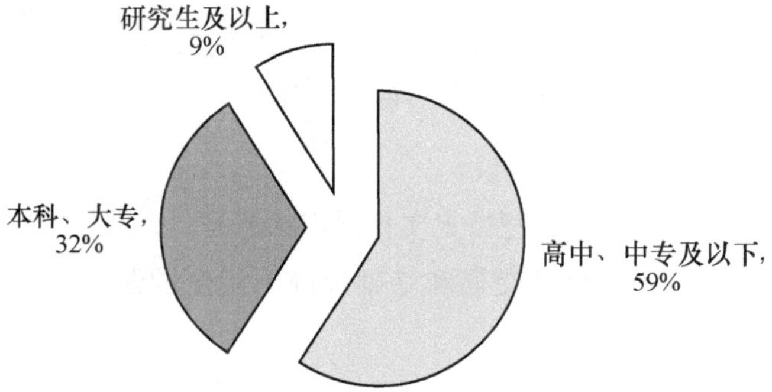

图 2-5　被调查者的文化程度状况

择认为比较具有代表性的五个。在排名上，不好明显区分其优劣，只是根据市民接触方式和接纳程度以及知晓程度来表现。

市民认为最能代表邯郸的文化标签见表 2-1。由表 2-1 可以看出，邯郸市一直宣传的十大文化脉系在市民中确实在认识上有一定的分歧。

表 2-1　市民认为最能代表邯郸的文化标签

邯郸十大文化	赵文化	边区革命文化	成语典故文化	女娲文化	磁州窑文化	广府太极文化	磁山文化	曹魏建安文化	北齐石窟文化	梦文化
市民支持度	85%	82%	83%	85%	62%	78%	74%	70%	53%	74%

(6) 市民对生活在邯郸基本满意，但不满意的比例也不小，占 40% 以上(如图 2-6 所示)。

1) 市民满意的地方：文化资源文化名片多、社会基本安定、比较和谐；

2) 市民不满意的地方：房价、工资水平、交通、基础设施不完善、环保问题、政府工作效率、市民素质低等。

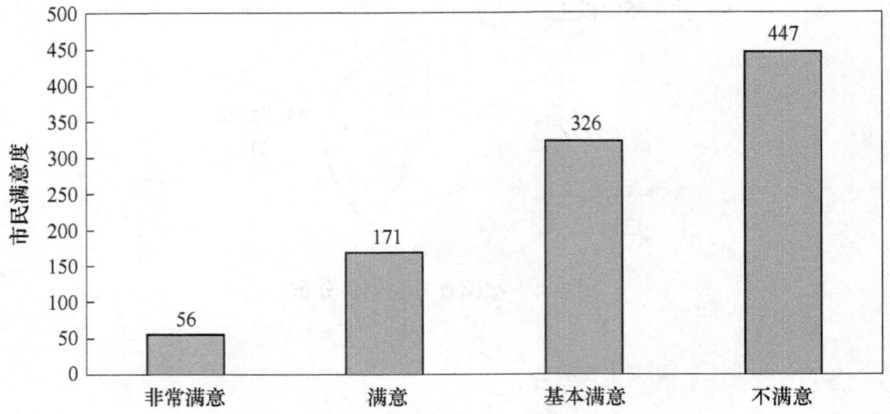

图 2-6 市民对邯郸经济发展满意度

在邯郸城市发展中的其他建议：

（1）坚持树立城市品牌，坚持走文化强市的道路。

（2）邯郸的发展受到公共交通和基础设施不健全的制约，应加大投资和建设力度。

（3）在邯郸城市发展定位上，应利用现有经济基础，大力发展第三产业，特别是文化旅游教育服务方面，以国家历史文化名城为契机，以历史文化资源为依托，真正打造宜业、宜居、宜游的品牌与快乐的家园。

（4）部分市民提出在市政建设规划落实上多下功夫，改变环境恶劣的现象。

（5）部分市民提出挖掘内功，贯通历史，把邯郸故事编写成电影、电视剧、各种视频等，通过演出，传播历史与今天的邯郸。

第三章　城市文化与城市活力辨释

第一节　城市文化是城市活力的根基和源泉

一、城市是文化的凝结和展现

城市不仅是文明的产物，也是文明的承载者和进一步发展的推进者。城市的品牌、特色、亮点、记忆的抒写都是文化的凝聚，城市告诉人们的既有过往城市的文明、文化积淀，也有现代文明继续纳入本城市文化的内在演进。在城市的发展中，保存下来的是那些文明的价值内化为人们的自觉意识、外化于人们行动并习惯于这种行动的文明素养，这种素养构成了城市的人文要素，表现为城市的精神价值追求、城市文明制度、城市魅力要素和市民素质。城市与城市之间之所以能够区分或者说差异性突显，不在于城市的位置、大小、形状等外在因素，而取决于城市文化品位及已内化为城市人的人文要素，这是历史发展中自然形成的，是不可复制的创造和积累。虽然在某种程度上，外形的固态文化可以复制，但复制的结果也是模仿外形而已，一个城市无法将另一个城市的文化、文明移植或稼接过来，更不可能完全照搬。城市文化修炼成的城市精神和市民素质造就着每个城市独特的个性特征与发展潜力，是未来城市发展的支撑力量。在全球化背景下，城市的发展、城市与城市之间的竞争更多地体现在城市的内在品质上，即城市的人文素质和文明、文化水平。由此，城市文化是新阶段城市特色与城市活力的本质体现和源泉所在。

城市作为文明的产物，当城市形成后就成了文明的承载者，反过来推动文明进程。城市文化与城市文明在不同的历史条件下，在不同的发展区域的出现与发展是不平衡的。城市改变了人们的生活方式，从乡土气息的生存到城市文明的生活，不仅是生存方式的改变和转变，更带来生活方式的转变，由此促使思想观念发生根本性的变化。由血缘关系为纽带的乡村生活，变成了以类聚居为特征的区域分化的居住与生活；由单一的农业种植变成了工业、商业、服务业等门类齐全的都市共融状况；生产方式和生活方式的变化、上升极大地刺激了生产力的发展，随之带来的就是物质财富的积累、增加和物质文明的发展，明显的城乡分工远远超过了无城市时代的社会生产力，创造了巨大的物质财富，为社会的发展奠定了物质基础。在物质文明发展的同时，城市同样带来了精神文明的发展，城市进一步实现了脑力与体力劳动的分工，人类的精神生活在城市的丰富而广泛物质生活的刺激中得以拓展和增长，艺术、道德、宗教、建筑等有形与无形的文化结晶不断涌现，并得以经久传世。但在城市人打破血缘关系樊篱的同时，也带来了管理上的新问题，由此，制度文化开始建立与发展，政治制度、经济制度、法律制度、社会制度等成为约束城市人与规范城市人行为的重要工具，制度文化在发展中逐渐形成并逐渐趋于完善，制度文化也成为城市的标志之一。经过多层次的丰富的城市文化积累和积淀，城市的活力根基和源泉得以夯实和厚重。

城市与乡村的差距与差别彰显了城市的文化特质。城市包含了更加复杂的部门结构和空间结构，其运行比乡村更加复杂，分工更加细致，联系更加密切，这就要求进行协调和管理，而协调和管理需要一定的文化。所以，城市的发生与发展蕴含并促进了文化的发展；在城市分工细致、组织严密的前提下，城市运行就有了自己的复杂系统。这个系统中，物态的表现有城市市政设施、交通通信、经济、社会、公共事业等各自的子系统；意态的表现有城市精神、城市道德水平、城市素质等无形的内在物，它们也是城市不可或缺的要素，更构成了城市的特质，它们也有自身的运行系统，并按制度和社会规律运转。其中，受到物态和意态影响的人是关键因素，人的文化层次不同，对城市的理解不同，执行城市规范就不同，造成了城市发展更加复杂的局面，所以，城市不仅要维持复杂的人流、物质流、信息流、经济流、社会流，更要和谐人类活动最频繁、最密集，包罗万象的人类活动流，这种人类活动流带有不确定性，城市的反差与城市问题的大量出现，需要提升文化层次与内化文化的行动力，这是一个集智慧而行才能铸就和谐的地方，是一个产生、容纳、需要、提升文化的地方，城市不仅是文化发展的结晶，同时也是进一步传播和升华文化的载体。

二、有形城市与无形城市的辩证统一

一个城市首先是一个外显的区域，是一个空间概念，从这个意义上说，城市是有形的。这种有形性是指，一个城市有它的地理位置，有它的轮廓，有它的外形、占有的空间，还有其建筑、街道等各种各样的设施，是以外在的形象性实物展现出来的。这些有形性方面，都可以通过人工劳动来解决，所以，就有形城市的有形性塑造来说，城市间可以选择相异或趋同。但为什么趋同不是普遍的选择呢？因为有人的选择，人之所以会如此选择，是因为内含着人文的要素，是内在文化起作用。也就是说，城市不仅可以通过外化的有形来展现，更通过内化的无形来彰显，而城市与城市的差别就在于有形和无形的有机统一。

有形城市的无形就是城市文化。城市文化是一个城市的灵魂，是城市文化让城市灵动起来，不仅能用它来展示城市的特色，更以它来昭示城市的精魂，铸就城市“看不见”但可触摸和感知的品质。任何一座城市，都是一种文化，都有一种文化，都是一部文化凝聚与发展史，都是社会进步与时代发展的凝结。城市是文化的容器，文化是城市的名片。总是处在动态发展中的城市，在时光流逝中不仅拓展了空间，增加了外形，改变了原态，而且凝结成了城市中一道道亮丽的风景。这些有形的历史古迹，有形的建筑、诗篇、风俗礼仪、生活方式等，叙述着城市的变迁，记录着城市的历史，演绎着城市的轨迹，成为城市延续性的基础。动态与梯级发展的城市，在历史长河的流淌中经过大浪淘沙般的文化选择与修炼，形成了特定的文化价值观念，那些无形的却也近乎有形的都市气质、生活理念、价值追求和精神取向，成就一个与物质世界中的物态城市并行的“隐性城市”，给予城市中的人们不断传承的记忆和向上发展的力量。这种所谓“隐性城市”，并不是真的隐藏不露，而是相对于显性的物质化的外表来说的，而这种“隐性”是显性中的隐性，是内含品质展现方式的特殊性，其展现的层面也渗透在社会生活的各个层面。一个城市既是有形的又是无形的，是有形与无形的内在统一。

城市定位是基于城市的历史与现实，这种历史与现实的凝结构成了城市有形与无形的统一度。在科学技术迅猛发展的现实社会中，城市有形建造大体经历了从无到有，从简到繁的过程，由于现代化，城市建设表现出复制、扩张与赶超状况，这样城市建设比较简单，由此抹化了城市自身的特点。有的城市为了追求现代与摩登性，不惜摧毁历史积淀而成的文物、古迹和旧址，这不仅摧毁了城市文化载体，而且造就了千城一面的状况，失去了城市特色。相似性无法成为增强城市凝聚力和吸引力的源泉。有些景观之所以受到追捧，吸引一批又一批游客前来观看，一是因为景点自身的魅力，二是因为这个景点具有与其他景点不同的、特质的东西；更重要的是因为这个景点能够带给人遐思，引发人的精神愉悦和心灵震撼，能够启迪人的思维与智慧，引发人的思考与回忆。城市的魅力与吸引力也是如此。所以，带来凝聚力和吸引力的是特异性的存在和文化底蕴深厚。特异性来源于城市自身的内涵，而孕育内涵的文化，是城市的软性要素，这种软性要素的开发和持续延伸延展不像硬件设施一样可以照搬，也不像物态城市那样建造快速，文化的延续与传承不仅需要时间的砥砺，更需要一代又一代人艰辛的修炼。文化这种深层的软性要素其细微、其复杂多样、其不易更改性都使文化的优劣选择和赶超变得艰难，因此，即使文化被复制，也不会像源发城市进化而来的实在并发挥效能，复制的只是表层，深度的内涵永远也无法复制成功。城市定位以城市文化为基础，以城市现实状况为依据，以同类城市为参考，既不夸大自身也不贬低自身，在合理定位中，确立本城市文化的基本脉络，弘扬城市文化精神，使本城市人受到本文化的感召，造就城市的独特意境，使城市独一无二、独具特色。城市文化的复制不仅不能把握文化的活性，而且失去了自我认同的基础，失去个性与特色，从而也就放弃了可以创造性发展的机会。比如，世界城市巴黎，它之所以“永不沉没”，不仅因为它保存有世界一流的古建筑和藏品丰富的博物馆，而且因其浪漫之都的情怀和精神，其特殊的意境让人流连、特殊的内涵让人崇敬和向往。再如，上海不仅因为它是中国的一大城市，也不仅仅因为它是“东方明珠”，更在于它兼容并包、锐意进取的海派文化所铸就的独特风格。所以，城市文化是城市独一无二的个性化资产，是一城市之所以为城市的关键所在。西方发达国家积累了现实的教训和经验，在城市的打造和更新中，注重开发和培育城市文化，借助文化张扬城市个性，彰显城市品质。城市文化不仅需要通过有形的主题公园、博物馆、历史建筑、文化古迹等展示城市特色和精神风貌，通过文化节日吸引本地居民与外来游客，更需要市民积极主动地吸纳积极文化要素，内化自觉的行动。应给予市民表现和提高其文化素养的机会和舞台，使人们通过对市民素质的感受和理解来领悟城市的文化内涵与城市精神，促进城市有形与无形文化的统一。

人是社会的主体，市民就是城市的主体，城市文化不仅有物态表象，这种物态表象的保存、承继、魅力都以市民的倾向性和爱护度为标尺；而且，城市文化的活态传承或意态承继都是城市人——市民为主体承载者，市民的素质展现是一个城市文化的根本体现。城市作为一个活动场，生活于其中的人们，以不同的心理状态和行为举止在城市中活动，展示着城市文化在他们思想与行为上的内化与升华。一个人自出生就受到特定城市的熏陶，潜移默化地渗透着城市的价值观念、生活时尚、风俗习惯、礼仪服饰、语言行为、交往方式等一代又一代人既依次传承，又在相互交往互动过程中被不断地创造着、感染着、演化着。现实社会的市民素质的形成，正是由城市文化的教化与影响完成的，在完成的过程中，加入城市的管理和个人意志及市民的相互作用因素，但最终起决定作用的是城市自身文化；反过来，市民素质又会影响或重新打造和张扬这种文化，使得城市文化得以传导和延续。作为强生命力文化现象的市民素质，对整个城市的发展既是过程也是结果。一个良好的市民素质状况可以为城市发展提供要素基础和精神支持，而城市发展的最终目的在于创造更加良好的市民生态和生活状况。著名社会学家齐美尔曾指出："都市生活的心理基础包含在强烈刺激的紧张之中，这种紧张产生于内部和外部刺激快速而持续的变化。……街道纵横，经济、职业和社会生活发展的速度与多样性，表明了城市在精神生活的感性基础上与小镇乡村生活有着深刻的对比。"❶ 这充分表明，城市是有自己的"场所精神"的，是与乡村生活根本不同的。市民在城市中生活，受到"场所精神"的熏陶，就有了一定的、基本相同的行为表征，亦即我们说的能从一个人的表现看出是哪个地方的人一样，不同城市历史不同，承继的前人智慧不同，就会产生不同的"场所精神"，城市文化风格也会丰富多彩，所以，市民素质与文化展示也不尽相同，这正是社会文化生活在人们心理的折射和积累。

城市居民的行为举止是城市文化的根本表现，"一个好的地方，就是通过一些人以及其文化，使得人能了解自己的社区、自己的过去、社会网络，以及其中所包含的时间和空间的世界。这些象征符号不仅是特定文化的产物，也表达了共同的生命体验，例如：冷和热、明和暗、高和低、大和小、生和死、动和静、关心和忽略、干净与肮脏、自由与限制"。❷ 我们在谈到某个城市时，一方面会抓住这个城市的最具代表性的建筑，另一方面会把市民最突出的、有别于其他城市的最美特质展现出来。也就说，城市同样拥挤，遵守排队规则的和拥挤乱象的，一定是受到了不同城市文化的教化。

总之，良好的市民素质是城市形象的标签，对城市的发展具有重大的意义。城市文化内化了市民素质，市民素质的良好表征和良性施放，造就了城市积极向上、团结互助的生活氛围，从而促进了城市社会的稳定与发展。基于城市文化认同的各种制度、公约、道德要求等，能够顺利在市民中实施并发挥效用，促进市

---

❶ 汪民安．城市文化读本［M］．北京：北京大学出版社；2008：132.
❷ 凯文·林奇．城市形态［M］．林庆怡等译．北京：华夏出版社，2001：101.

民的参与意识和归属愿望，进而促进城市的内生增长。城市的文化交往，表现出文化的生命力、适应性和亲和力，转化成社会关系和社会交往，通过物质赋形，影响着城市发展的途径与结果。

在城市竞争日益激烈的时代，在文化城市、智慧城市、世界城市各种名词扑面而来的当今社会，城市文化的自觉意识为确立自身在城市群落中的地位提供了强有力支持，许多城市已经将发展文化作为城市发展的重要途径。上海就提出了“世界一流城市，必须有世界一流的文化，必须有世界一流的文化设施”的建设方针，申办世博会即是这一发展思想的具体表现。世博会既能发扬上海兼收并蓄的海派开放风格，又能通过文化的冲击与碰撞促进上海的城市文化的发展。城市就像一个人，有自身的形象和内涵。具有特殊文化品格和精神气质的城市，无疑是最具吸引力且令人难忘的。

文化不仅仅代表着各种文化产品，更意味着生活、表达、思考和学习的方式。文化已成为城市发展战略的主轴，经济、社会、技术和教育战略与文化的关联越来越密切。在未来的竞争中，信息与知识是地方经济可持续发展的关键，只有那些学会了如何战胜文化挑战的城市才能得到最佳的发展。为实现城市以文化带动发展的战略目标，市民素质成为关注的重点，可以通过倡导良好的行为规范，制定文明公约，严格奖惩措施来提升市民素质，优化城市人环境。市民是社会的主体，城市的建设和发展离不开市民的支持和参与，一个脱离了市民的城市，不可能长久存在下去。市民的觉悟与觉醒、市民素质的提高，对于理解和掌握城市发展规律、践行城市发展规划、实现城市发展新突破、建设活力充沛的城市起着至关重要的作用。

三、城市精神与城市活力

城市的原初价值就是它为人们带来了更好的生活。亚里士多德说：“人们为了生活来到城市，人们为了更美好的生活而留在城市。”美国现代哲学家路易斯·芒福德也说：“城市是一种特殊的构造，这种构造致密而紧凑，专门用来流传人类文明的成果。”随着社会的发展，人们对城市的要求越来越高，使城市的功能不断拓展，无形中增加了城市的压力与挑战，对城市中生活的人也形成了生活的滞障。城市文化是创造和拓展城市功能的根本支撑，城市精神作为城市文化的高度抽象和精炼总结，是一个城市的发展根系。城市精神是历史形成的，并在现实中得以推广和提倡的价值取向，反映城市发展过程中的生存理念和文化特性，对生活于其中的市民有凝聚和向心的力量，是人们在社会生活中共同拥有的价值观念，是推动城市发展、激发城市活力的重要力量。

城市要具有活力，就要有发展的动能，而这种动能归根结底要靠人的积极性和主动性，是城市中人的活力助推了城市的活力。城市精神是城市最根本特征和最趋向目标的反应，既有对以往历史的总结，又有对现实要求的召唤，更有对未来城市发展的倡导，这是一个城市的特色所在，也是一个城市的精魂所在。城市精神能够形成倡导的力量，营造氛围，引导、规范、激励和改善市民行为方式，凝神聚力，为城市发展、城市活力提供精神动力和智力支持。城市自身作为重大的历史构成物，保持和建构着生活的动力，城市精神作为城市历史与现实的融合体，是逐步培育发展起来的，能够得到市民的认同与共鸣，因而城市精神的定位需要从自身的文化资源和社会基础入手，并结合时代发展趋势加以提炼。随着时间的推移，城市精神也有不断充实与创新的需要，但与城市文化特性的密切结合才是其生命力的真正源泉。

作为城市文化精华的城市精神，不仅仅是一种宣传，也不仅仅是社会科学工作者和领导意志的凝结体现，而且是人的日常行为和日常习惯的展现，对于特质的城市，能够从正向拉动城市发展，成为激发城市活力的源泉。

第二节　城市文化的塑造与凝练

城市的功能，在全球化的今天，在科学技术迅猛发展的当今社会，已不只是居住功能，也不只是为了生活的改善；不只是社会生产发展的需要，更是社会文化的荟萃之地，是社会文化的容器，是文化繁荣之地。一个城市的文化，是这个城市外在形象与内在精神的和谐统一，能够表现出城市独特的底蕴和特点，同时也是这个城市品牌的灵魂，是提升城市文化竞争力、打造城市品牌的决定性因素。因此，重视文化建设，发掘文化资源，展示文化品牌，提升文化品位，塑造城市的文化形象，并通过文化氛围来凝聚城市的人心、推动城市的发展，已成为当今城市品牌建设的一项重要内容。

一、城市文化的特性

城市文化的表现分为物质形态文化成果和精神文化成果，市民素质展现即为固态文化和活态文化。城市文化特性一方面是物质形态的特点特色，另一方面是精神层面的积淀积累。从物质形态层面来看，现代社会的发展、新型建筑材料和建筑模式的应用，弱化或协同了城市的物质形态展现；而城市累积的精神成果在很大程度由于重视和挖掘的不同，会展现出不同的作用和效果。城市文化的特性应该集中于精神文化成果。城市精神文化不同于文明，一般指特定区域内社会发展中创造和形成的具有自己特色的价值观念、行为规范、道德操守、精神风貌、知识、艺术的总和及其凝结。

在城市文化的形成中，它也展现出不同的特性。

（一）层次性

城市文化是一个多层次的、综合的、复杂的统一体，包括物质文化、制度文化和精神文化。

物质文化包括城市的整体布局、道路设施、形象标志等。比如：每一个城市都会有自己的标志性建筑、中心道路、公园、广场、市徽、雕塑等，这是人们创造的物质财富的积累和体现，从不同的侧面体现了城市文化。

制度文化是人的行为在城市文化中的体现，承载着城市特有的文化信息，是文化通过一定的主体行为体现出来的。它包括城市社会秩序、人际关系、管理模式等，例如：城市规则和规范、政府行为要求与状况、市民素质和精神面貌、各种活动等。

精神文化是城市文化的一种升华，是城市文化形象的最高境界，最能体现城市文化形象的特征。它包括城市精神、城市人的价值观念、城市法律法规等。

以上三种文化代表了城市文化的不同层面，城市文化是三者的有机统一。

层次性还表现在，不同的城市历史积淀不同，其文化内涵和表现也会不同，这从整体上来看，就是城市文化的层次性。

（二）差异性

城市文化的相同性与差异性是并存的。相同性是指城市在发展过程中，经历的过程和事件相同或相似，由此带来的文化固化与凝练相同。所以，各城市都有其相同的物质与文化。然而，由于地域不同，经历不同，特殊情况造就特殊文化，所以，各城市在多元化并且不同文化间存在很大差异性。比如：城市中有不同的民族，其习俗和文化凝练一定有自己的物质因素、各种文化相互融合、相互作用，在碰撞与取舍中，新的种族、新的文化、新的风俗与新的社会形态就从这些相互作用中产生出来。

经济全球化不仅带来经济和社会生活的变化，也带来思想、思维方式的变化，这些变化影响着人们的习惯、行为和思想，改变着城市文化的透现，但由于受到经济全球化的影响不同，接受到的信息不同，其内化与吸收也不相同，各城市文化融合与生长也一定不相同。

工业化、信息化的发展，带来思维方式的新变化，也带来新技术新挑战，来自外部的信息和影响力量不断增强，吸纳外来因素，融合为自身城市的合成要素，城市的趋同性越来越多，但城市从根基留存下来的本质的内涵不可撼动，其差异性一定会存在。

社会主义市场经济也在逐渐改变着人们的生活习惯、行为和思维，改变着城市管理者们的思想，这些影响渗透到社会生活的各个角落，使城市生活、使人的生存含义发生了变化，在以商品生产和消费为主的社会生活中，不同的城市阶层也会产生不同的文化。

多元差异性的城市文化环境为每个市民提供了多种选择的可能，而城市文化的这种多元差异性极大地激发了城市的内在活力，增加了不同文化背景的人的吸引力。

（三）地域性

地域不同，其风俗习惯会有差异，俗话说：十里不同风，百里不同俗。每一个城市的文化都是独特的，不同地区由于地理位置、生产生活方式等的差异，会有不同的区域文化特色，而城市作为地域的中心，城市承载着其所在区域历史文化传统的积淀，尽管这些文化有自身的不足或缺陷，但这也是城市文化产生认同感、归属感的基础，是城市个性形成的根本原因。

一座城市能够延续下来，在很大程度上取决于城市文化的延续。在城市的发展历程中，人们不断创造劳动成果，凝聚物质文明和精神文明，形成城市特有的文化。人们在继承前人文化的基础上，结合当代需求与要求，创造新的文化，并不断纳入城市文化之中。根据城市发展的需要，其文化也在不断地发展与变化之中。城市文化的积淀是客观的，不是任何人能够抛弃或留存的，是历史的，是具体的。虽然现代化的传播手段使当代生活具有更多的共性和世界性色彩，但这并不能完全消除本地区的独特文化或文化特性，相反，在一定程度上还会刺激各地区的城市文化向更具有地域性的现代化方向发展。常言说：只有民族的才是世界的，亦即只有地域特点或特色的文化才会被认同，才会受到关注。

（四）辐射性

城市形成以后，经济、政治等集聚于此，为人才、物流、财富流、信息流大量频繁的交流提供了极为便捷的场所，不同的文化在城市里得以交流、碰撞、融合与发展。

一方面，城市是先进生产力发展的结果，是社会进步的标志与承载，随着城市化的不断扩大，财富、信息、权力乃至全部生活方式都以城市为中心进行汇集，城市文化更具社会化，它的涵盖面越来越大、凝聚力越来越强，这必然带来文化在城市的聚集和繁荣，并向城市四周辐射。

另一方面，由于各地区间发展的不平衡，城市差距的存在，使得各城市间相互借鉴，择取有利于自身发展的要素和方式，加速了辐射的速度。例如：中国黄河流域形成的文化体系辐射到整个中国，形成了中国文化区，一些文化甚至传到了朝鲜和日本。这种辐射是相互取舍、相互借鉴的过程，并与自己的文化相融合，达到一定时期的最佳状态。在城市文化不断向四周辐射的过程中，人类文明得到了进一步的发展。

二、城市文化的驱动作用

城市文化是城市发展成果的积淀、凝练和升华，反过来又对城市的发展起到影响作用，其层次性和历史积淀决定了它不会是单一的形态。正是这种矛盾性和复杂性使得城市文化产生了内在的张力，而这种张力又对文化的发展起到强有力的驱动作用。当今世界，城市文化已经变为城市发展的动力源泉，并将发挥更为重要的作用。

（一）引领作用

文化是民族的血脉和灵魂，是国家繁荣振兴取之不尽、用之不竭的力量源泉。文化是在其发展历程中凝结的成果，其引领与昭示作用是第一位的。文化的引领作用在于，生活在一定区域内的人，遵循着一定的规范和要求，约束着人们的行为向好向善，能够激发正能量，提振精神，热情饱满做好事情。

（二）精神动力

人和动物最大的区别在于精神力量或精神因素，城市与城市之间的区别也不仅仅在于城市建筑、规划等物质层面，更重要的取决于精神力量。城市文化的内在要素，是城市发展的动力——创造力的基础，现代城市经济的发展，很大程度上取决于人的主体精神、创造精神的发挥。文化不但能解决人的信仰这个根本的精神问题，更能提高城市居民的素质和水平。

获得了强有力的“精神支柱”的城市成员，其较好的理想性和预见能力、实现目标的行为能力，较高的凝聚力、向心力和上进心等构成了社会发展所需要的最重要的人力资源。这些社会成员既是文化活动的直接力量和热情参与者，同时也是重要的生产力因素和带动影响力量，起到号召和引领作用。由此，一个城市能够打造文化力量，抒写文化内涵，强化文化的功能，就意味着为经济发展和社会全面进步提供了强大的精神动力和智力支持。

（三）产业发展力量

一方面，文化力量是经济发展的持续支撑，是长久性起作用的根本要素；另一方面，文化产业是未来最具潜力的产业之一，是值得开发和深挖的产业，具有深厚的潜质。文化资源在人们的劳动过程中不断创造，不断增加，不断展现新的内容。文化资源的开发，不但可以收到良好的社会效益，而且可以收到良好的经济效益。文化产业是 21 世纪的朝阳产业。就全世界范围来看，各国都在大力发展文化产业。文化产业已成为西方发达国家的支柱产业，其产值占 GDP 的约 1/5，文化在国际竞争中的地位越来越突出，文化产业已成为国家综合国力的重要标志，我国文化产业上升空间较大。

城市文化可为城市经济的可持续发展增强后劲。在一个社会系统内，经济和文化从来都是共生互动的，文化生活既为经济生活所制约，同时又是经济建设的宝贵财富。一方面，城市文化的发展提升了城市品位；另一方面，城市品位的提高也为城市发展提供内在动力。

（四）环境功能

在现代市场经济条件下，社会环境质量的高低在某种程度上取决于经济活动能否正常、协调、高效运行。所有的环境，归根结底是一种文化环境。

这种环境在经济条件相同的情况下，决定人流、物流、信息流等重要生产要素的合理流向，是地域经济发展的基础要素。所有较发达的城市和地区，都将优良的环境视为生存发展的主要前提，甚至当作目的。

文化在构成城市环境中发挥着超乎一般的作用。除了从整体上营造出城市生活氛围，如建筑艺术、园林艺术、街景、文化设施等外，还塑造着城市的文化形象，体现着城市的文化性格。可以说，城市文化的发展在相当重要的程度上决定着这个城市的形象。

(五) 提升引力

先进地区和先进文化在与落后地区和落后文化的相互影响中总是占主导地位。我国一些大中城市，都十分注意拓展自身的辐射能力，在辐射作用中获得自身发展的更大空间。

经济辐射能力虽然效益可观而且直接，但往往易受多种限制从而出现单调、停滞；相比之下，文化的辐射力就自由广阔得多。深圳、海南等省市开发初期，其先进的现代文化观念，就吸引了相当多的人才和项目。西安的“古文化”节、兰州的“丝绸之路”节、长沙的“金鹰艺术”节等，对于塑造现代化城市形象起到了极大的作用，也为城市创造了其经济行为无法比拟的声望。

三、城市文化的塑造与凝练

城市文化包含着非常丰富的内容，是一个复杂的综合体，政治、经济、社会、历史、生态、地理、环境、资源、技术等都蕴含着文化的内容，城市文化作为城市特征，集传统与现代于一体，强化城市的个性，传播城市特点与亮点，使其成为城市发展的动力。

城市精神是城市文化内化的结晶，是城市文化的集中体现，城市精神是在漫长的历史演进中，经过去粗取精、去伪存真的淘汰，逐渐凝练凝聚而成，是一个城市奋斗历程中积淀的境界与灵魂，经受过岁月的洗礼，铭刻着历史的记忆，闪烁着现实的光辉，展示着清晰的地域特点。它对城市的发展与进步有重大的影响，在历史与现实的碰撞中，在继承与创新的流变里，它作为一种潜在的社会发展催化剂，能够提升城市人的品位，凝聚城市人的士气，展示城市人的风骨。

城市文化是历史的写照，是正气的映射，是先辈们奋斗历程的精华凝练，是价值的体现，是人类留存的积极精神文化的高度珍视与总结，是未来前行中的指引。所以，它具有形成周期长、根基牢固、效用渗透性缓慢、能效持续持久等特点。在城市文化的凝聚中要把握以下几个方面：

（1）探寻研究归纳城市文化核心。城市文化不是空洞的词语堆砌，而是实效性很强的精神力量，不仅影响一个区域的精神状态与面貌，而且影响物质文明、精神文明、政治文明、社会文明、生态文明的进程。它是构成一个民族、一个地区文化个性的灵魂；是衡量一个民族、一个地区文明程度的重要尺度。人无魂则如同行尸走肉，国无魂则一盘散沙。精神的凝聚构成了团结一致、齐心协力的黏合剂和稳定剂。城市文化植根于特定城市这片沃土，在历史的长河中提炼凝练，在城市这片土地延展，流淌在城市人血液之中。但是，文化不是自然地摆在表面，拿来就可以运用，而是深藏于城市的各个角落，贴附于城市的每个要素，展现于城市的方方面面。城市文化需要有一个提炼和凝练过程，在这个过程中，要以探寻文化价值核心为中心，归纳总结城市文化，并在现实中倡导与推广。

（2）凝练城市文化特色，建立城市文化传播机制。在城市文化的核心价值确定后，应凝练城市文化特色，找到一个城市之所以区别另一城市的最显著特征，把握城市文化精魂，建立城市文化传播机制。拟定不同层次和梯次的传播计划，让传导、传播、践行、推广形成联动，以由点到面再到全方位的方式，在城市中进行广泛传播，让全体市民不仅了解本城市的文化精髓，把握其内涵，更要在日常行为的各个方面践行这种文化。

（3）建立践行城市文化的长效机制。践行与弘扬一个城市文化，是一项长期的建设工程。这就需要持之以恒，建立一整套行之有效的长效机制。要立足当前、着眼长远，针对一个城市建设中出现的新情况，针对人民群众提出的新要求，积极创新践行和弘扬方式，把长期规划与近期宣传结合起来，常抓不懈，促进城市文化的践行与弘扬。要围绕城市文化的践行和弘扬工作，建立一支素质过硬的、形成梯队的城市精神宣传专兼职干部队伍，鼓励他们深入研究、准确把握、广泛宣传一个城市文化的内涵、本质和意义，让城市文化真正成为鼓励人们创建和谐城市、魅力城市的强大动力。要把历史与现实中展示城市文化的先进典型融合起来，发挥先进人物和先进事迹的带动作用，使这种榜样的力量常抓常新，代代相传。同时，利用特定的历史事件、历史人物和教育基地，举办专题教育活动，使弘扬城市文化的活动多样化、人性化、长效化。要形成循环工程，联动各种活动，以形式上、本质上融合衔接，形成循环工程，一环连一环地发挥效能，使整个城市掀起一个又一个践行与弘扬城市文化的浪潮，让城市文化内化为人的自觉行动。

第三节　城市文化的开发与城市活力激发

城市文化和城市活力是相辅相成的，但不是自发地完成相互融合与促进，它需要借助于一定的力量，达成契合度。一般来讲，城市文化越发达，存在活力蕴含越深厚，活力迸发的力量越强大。然而，如果文化只是沉淀于沉寂的状态，作为一个符号存储起来，不与现代化相接轨，那也就只能成为历史的记录，而不能带来现代的文化繁荣，不能成为活力源泉。

一、城市文化的开发

城市文化是城市发展的成果累积与积淀，彰显着城市的内涵与品位。城市文化是动态的，在历史中形成，在发展中延伸并深化其内涵。城市文化的开发需要有软件和硬件的积累和浸润作为基础。城市的布局与基础设施的开发、城市市民素质、政府服务风格等，都是城市文化的体现，需要城市政府和社会各界长期的关注与投入。许多城市正通过保护城市文化遗产、发展文化产业、加强教育和创新活动等方式实现了开发城市人文要素的目的。

城市人文要素的开发不仅可以为城市积累独特的精神内涵与文化价值，而且可以为城市营销提供传播渠道。例如，越来越多的城市通过展会、广告、电影、旅游、网站等文化形式来宣传自身特色，以此吸引人力资源和产业资源加入自己的城市。城市营销以特色文化作为表现形式，将城市各种资源整合在一起，在一个试图抹平地域差别的全球化时代推介自己的个性，寻找着自己的发展机会。城市营销，或者更广泛意义上的场所营销，是指将地区（场所）视为一个市场导向的企业，将地区未来的发展远景确定为一个吸引人的产品，借此强化地方经济基础，主动营销地区特色，更有效率地满足既有和潜在的目标市场（主要包括产业、投资者、定居人口、观光客与会议人士等）。城市营销无疑是以知识和资源为基础的营销方法，城市人文要素是城市营销的物质基础，而城市营销的成功将给城市人文要素带来更好的开发机会和资源条件。城市的地方性需要得到政府和社会各界更多的重视，城市营销应该是有效的、可信的、易于识别的。由于城市气质突出表现为地方个性，因而城市形象的营造需要立足于城市内部资源，动员市民积极参与。城市作为一种具有活力的、激动人心的生活体验，其生命力在于城市自身的精神特质和价值追求，其地方性是“心”时代下全球竞争中城市不被淘汰的关键。从这个意义上说，地方性才是世界性的体现。

二、借助节日提升城市活力

节日是特殊的值得记忆与怀念的日子，在节日中，人们往往比平时更加重视，更易引起关注。随着城市生活的日益丰富，城市对节日的关注与重视体现在各个方面，城市都尽力打造与节日相关的记忆，都市的岁时习俗也在盛衰消长的演进过程优胜劣汰。一方面因城市现代化的发展消减了岁时习俗原先的农耕文化印记，淡化了缥缈的远古情结；另一方面因中国城市与乡村的天然联系以及市民对文化传统的珍视，岁时习俗仍传承不息。

城市文化根基和塑造源于生活在这个城市的人，城市文化的推广也需要依靠群众的力量。群众喜闻乐见的形式就是润物细无声的做法，这种做法使得城市文化在潜移默化中得到推广和内化。

首先是传统节日的运用和传统习俗的演进与转化。传统节日春节是受我国人民群众尊重和最具有节日感、神圣感的传统节日，节日的仪式更加受民众重视。春节又称作“年”，是最具民族性和地方性的传统节日，运用好春节这个广为群众敬畏的传统节日，做好文化策划、订制、传播，通过尊先敬祖、互访互拜、逛花市、灯市、书市，赶文化庙会，去旅游，参加广场表演等方式，促成了春节的全民狂欢。这种情形下，倡导什么，传扬什么，以什么为核心，正是春节奠定牢固基础，树立正确意识的关键点所在。

中国的春节、端午、七夕、中秋、重阳等年节习俗，在传承与变异的互动中，表现出民族传统的不断延续和重新整合，表现出生活需求的执着与更新。

端午也是中国传统节日之一，端午节所展现的爱国主义精神还有待进一步挖掘与升华。端午作为夏日的重要节日，以粽子为承载物，现已成为日日可享用的民俗食品，食品承载的文化通过其蕴含的故事传播传承开来，人们口中念念不忘的历史故事，正是由于节日的渲染而变得家喻户晓，在故事基础上，传播与相关城市价值追求相一致的文化，使城市文化与城市精神得以推广。中秋节是秋季的大节，也是中国人最为重视的节日。月饼是这一节日的象征，现代化的推进与发展，扩展了月饼的品种与花样，但其深藏其中的文化，要在节日中得以展现。

节日是人们的纪念，是人民群众的集体记忆，节日对人民群众来说是非常重要的，尤其是中国传统节日，每一个地方都有自己的习俗融于节日之中。作为周期性庆典的节日，展现了一种神圣，通过仪式表达出来，为日常生活增添了色彩，注入了活力，起着传承传统的作用；仪式是传播社会记忆的媒介和手段，节日仪式是群体性和群众的，是多数人的意志，因而仪式传播必然是群体的记忆，是群体的共同认识，是公共观念。既然生活形态是一种生活的表现形式，那么城市生活及其物质载体总是通过社会记忆向人们传播着城市共同的生活形态以及公共观念等。

会议与会展激活城市活力效应。随着全球化和社会经济的发展，城市新的拓展点在一定程度上表现为举办会展，通过会展向人们展示一个城市的特色和长足之处，表现城市的优势，有人研究会议经济和会展经济，建立会展中心，通过会展中心，加大城市品牌塑造和知名拓展，提升知名度，展现城市的另一种活力。在会议和会展过程中，人们集聚带来各地物品的同时，也带来了思想、观念、价值观，即文化的因素，这些文化因素与当地文化融合可以生成新的增长极，融合为优势组合，从而，使城市的文化得以拓展。国际会议或国际化会展，更从国际的角度延展了城市自身，融合度更加提升，对城市活力的激发起相应的推进作用。比如，邯郸市的“世界太极大会日”，不仅吸引了世界各国的太极拳爱好者，而且集聚了人气，其纪念性物品的推广带来相应的经济效益和社会效益，同时促进了太极拳在世界范围的扩展，提高了邯郸城市的影响力和辐射力。当然，在这里，也应该考虑会议和会展的副效应的影响。

节日创造与拓展。随着社会经济的发展，人们特别是商家根据消费者心理创造了一些节日，比如，像“双十一”“双十二”等。还有一些政治性节日、公益性节日、国际专题节日和旅游节日等，比如，在邯郸市的“世界太极大会日”，他们以纪念性、倡导性为基调，其中又不乏与民俗节日相连相通的成分，其作为市民政治生活、社会生活、休闲生活的一个部分，对活跃都市文化生活有不可忽略的作用。

5 月 1 日的“国际劳动节”、我国 10 月 1 日的“国庆节”等属于“政治性节日”；3 月 12 日的“植树节”、6 月 1 日的“国际儿童节”等是“公益性节日”；“国际性专题节日”有：4 月 7 日“世界卫生日”、4 月 22 日“世界地球日”等。还有一些“旅游性节日”，如潍坊“风筝节”、河北省旅游发展大会等；它们能够借助特定的空间或当地的特色事物，以活动性项目推出富有地方性和民族性的旅游产品。这些旅游产品以民俗风情、地方物产为中心，让游客或观赏，或体验，或品尝，或选购，有效刺激着旅游消费，推动着旅游经济的发展。

这些新兴节日丰富了民众日益增长的物质文化与精神文化需要。它周而复始，能够成为某种类型的文化传统，在一定程度上活跃市民生活，增添城市生活活力。

三、塑造城市品牌激发城市活力

一个城市的活力通过一定的载体承载下来，这种载体大多表现为创造城市品牌，城市品牌需要不断打造与塑造。城市品牌的塑造应着重考虑以下几个方面：

（1）城市定位。一个城市树立或塑造什么品牌，首先是由城市自身的定位决定的。根据城市自身的政治经济条件、地理位置情况、与同等相应城市的比较等各个方面，多层级研讨对标城市，确定城市定位。城市定位的基础来自科学的调查研究，根据实地考察、走访、历史与现实、哲理与逻辑的统一，建立权威性、唯一性、排他性、认同性、美誉性于一体的城市自身定位原则。一是要考虑自己独特的优势资源，包括其自然资源优势、经济优势和社会文化优势；二是要考虑社会公众对定位的认同；三是要根据未来发展定位；四是要和城市历史文化和精神气质相结合，赋予其文化品格和文化内涵。城市定位要把功能和文化两个方面融合起来，形成其特色和个性，这样形成的定位才有持久的生命力，最终在市场上才能转化为对目标受众的承诺。一个城市的定位距离它的目标市场过远而无法实现，城市品牌则只不过是一块招牌而已，它对城市的发展没有任何意义。

诚然，城市定位一定要选择最能让城市展现活力的方面，扬长避短是一把万能钥匙，精确衡量出自己的城市具有资源优势的方面和特点，并且将其挖掘出来，将自己城市最具潜力的活力资源进行开发和推广，这样才能得到本城市人的支持和其他区域人的认可，被认同的选择才是正确的市场定位。在城市定位确定后，就要研究这个定位下的城市发展路径，找寻城市优劣势，在分析的基础上，积极打造城市品牌。

（2）城市品牌塑造。品牌的概念本来是源自商品买卖，在买卖的过程中，为了增强商品的销量，商品流通中不断形成的特定物品的代言，随着人们的认同增长，品牌就代表了这个商品的品质、内容和人们的信誉等多个方面，由此，品牌成为一种力量，助力了商品的推广。城市品牌是基于对城市的认可过程中，独特的、有一定代表意义的形象、品质、特征和能量的代用词，比如，一说到成语典故之都，那一定是邯郸的城市名片。有的城市以特产作为名片，有的城市以历史故事作为名片，但这些和品牌还有一定的差距，打造品牌是需要把特色与内涵融合生长，在长期的塑造中推出，并经过长期的推送而达到共识。一个城市有了自己的品牌，就可以通过品牌宣传城市，让城市活力真正“活”起来。

(3) 城市对外宣传。一个城市有了自己的品牌，要通过各种渠道进行宣传介绍。一是借助举办盛事来进行推广宣传。一般来说，盛大事情的举办，是知名度借助传扬的重要机会，人们通过关注盛事，进而对城市推广的品牌进行关注并吸纳。二是自身的推广与宣传。平日通过外宣的方式，或是广告的方式进行主题宣传，让尽人皆知，像中央电视台贵州、山东的旅游广告，“醉美之州”和“好客山东”做得非常有特点。三是通过名人效应进行宣传。运用与城市品牌内容相符合的名人事迹名人倡议宣传城市，使城市品牌通过人的效应传播开来。名城有名人，名人立名城。

第四节 在城市文化培育开发中探寻城市活力之源

中国是人口大国，城市的活力并不等于人口，也不等于人气。很多城市人口众多，尤其在城市中心和繁华区域往往还显得很拥挤，表面上看似有活力，其实环境状况失衡，根本没有活力。

一、活力概念的不确定性

2004年，由中央电视台主办的“城市中国”活动，评选出“十大中国最具经济活力城市”。这是中国以城市为主题的一次声势浩大的城市排名，因被认为此排名关乎城市竞争力大小，所以各城市政府都很关注。在这场大规模评选中，成都、大连、东莞、杭州、青岛、深圳、沈阳、苏州、温州、无锡被评为“2004中国最具经济活力城市”。

然而，针对此次“城市排名”，许多专家提出质疑，就连很多评委也坦言，由于对“活力”概念的无从把握，对于评选的结果也自然“见仁见智”。

对于活力城市的评选，其争议就源自“活力”的不确定性，因为城市作为一个错综复杂的复合体，既有可度量的因素，也有很多无法度量的因素，“活力”概念就属于这一无法准确度量的即很难定量的因素。

人口是城市活力的一大重要标志，拥有高密度的人口是城市活力的一大体现。然而高密度与拥挤是不同的概念，高密度是产生活力的重要源泉，提供多样性和差异化的可能，而拥挤则是空间环境设计的失败。

社会心理学家曾分析总结出人与人之间的安全距离，还有相对适宜的生存空间大小，比如当人际距离与身高的比值大于4时，除了旁观和招呼等，人际间几乎没有其他相互影响；当这一比值小于2时，相互间有了更多的感觉、语言和动作方面的联系，气氛转向活跃；当比值小于1时，熟人会产生密切感，陌生人则可能产生逼迫，甚至拥挤感。

由此推论，以中国男子平均身高1.67m计算，要使一个外部空间具有生机感，空间活动面积与活动人数比值的上限不宜大于40m^2/人；比值小于10m^2/人时空间气氛转向活跃；小于3m^2/人时是否有可能产生拥挤感，则取决于活动人群的性质、活动内容以及当时当地的情境等多种因素。

可以说，活力是一种旺盛的生命力，是一种健康的生存、发展状态；而拥挤是一种环境失衡，是一种混乱、一种亚健康状态，谈不上生机与活力。怎样将中国城市常常面临的拥挤、混乱的人气引导成为健康、有机的活力是城市活力研究不能回避的问题。

二、三大活力标准

要想了解一个城市是否具有活力，首先要对这个城市的城市生命进行剖析，以此作为研究城市活力的切入点。一般来说，城市生活可分为经济、社会和文化三大部分，因而对城市活力的研究可分解为对经济活力、社会活力和文化活力三大活力的分析。

（一）经济活力

经济是一个城市的基础，经济的活力是一个城市活力的重要表征。在不同的城市，由于城市性质、功能的不同，受到的经济因素的影响程度也不尽相同。在今天这个时代，对于某一特定城市区位而言，在经济全球化大环境下，影响其经济活力的因素错综复杂。不过，国内外不同城市的发展轨迹表明，城市区位经济发展得好，能够更好地提升城市各项基础设施的建设，这可以反作用于经济发展，使该地区处于良性循环状态。

显然，要想打造现代型的城市，经济活力是基础，它代表了当代城市应有的高效性、物质的丰富性以及经济空间的活跃性。经济活力是产生现代城市活力的前提。

（二）社会活力

社会活力是城市活力的核心，是城市活力的具体表现形式。城市是人们生活的载体，而人的活动是创造城市活力的最直接来源，一个地区与城市生活的结合度最终决定了它是否具有足够的活力。

正如我们前面所说，城市要想具有一定的社会活力，首先要有一定数量和密度的人群作为保证，同时还要注重人口和所在空间之间的和谐程度。而从社会学角度来看，良好的社区或社团组织、公平的社会关系、开放的交流平台、多样化的社会活动等也都是不可或缺的。

与经济活力不同的是，社会活力的影响因素主要来自各城市区位内部。对于不同区位而言，其社会活力的表现形式可能各不相同，例如某些地区会表现出鲜明的个性，另一些地区则呈现出强烈的多元性。

（三）文化活力

文化活力是一个城市的内涵和品质，在经济活力、社会活力基础上，作为人的精神层面的追求，是城市活力的精神内涵。每个城市都生活着不同的群体，不同的群体都有其一定的文化特质，比如不同的意识和不同的生活习惯，并渐渐演化为城市自身的文化属性。城市需要独特的文化内涵，如果一个城市在文化层面缺乏内涵和特色，就会失去成为一个独特个体的必要条件。文化活力的形成需要时间做基础，通常是一个自发积累的过程，而政府主动地对地区内的活动进行有效安排和介入可以大大提高地区文化建设的速度，同时可以在相当程度上控制其发展方向。

以上三种活力的表现，并不是单独存在的，往往是相互交织的，既是并置关系，又是递进关系，可相互为交集或子集。这种关系本身就是城市活力所应具有的特征，是“活力”要素所应有的特点，在评价一个城市是否具有活力时，一定要从这三个条件共同出发，才能得出较为客观的结论。

三、活力城市特征

“活力”的表现虽然是多种多样的，决定活力的要素也是多方面的，但活力表现出来的却是一个看得见的，也能够感觉到的概念，因为活力本身是一种表现。

当我们形容一个人没有活力的时候，我们的大脑中首先会想到沉默、呆滞这样的词，甚至可以用死气沉沉来表达；而一个有活力的人，身上一定具备活泼开朗的特质，且能够带动其他人充满朝气，会使整个团队或集体有生机，不论工作还是学习都有一股健康向上的力量。城市也是如此，一个城市的活力有时难以量化，但却可以看到和体会到。

这些可以概括为：工作的高效性，生活的舒适性，心情的愉悦性。

（1）高效的城市。高效的城市一般来说，是指对资源的利用高效，对生产的效率高效，对应急事件的反应高效等多个方面。资源利用高效是对土地及城市空间的利用紧凑，功能区域区别明显，功能齐备且有利于城市人居生产、生活，紧凑城市的活力及多样性可为市民提供高质量、高效率的生活。

城市通过综合利用，可将居民区、办公区和休闲区进行分工组合，创造整体的城市形象和丰富多样的城市生活空间，吸引更多人来到城市，使城市气氛活跃并促进相关设施的良性发展，城市以充满魅力和活力的形象展现出来。这种高密度、高质量的城市生活环境已在伦敦、哥本哈根等城市得以成功实现。

同时，高效城市还表现在有高效的可移动性。在当今社会，人们选择做什么、选择如何生活是十分自由的，可移动能力已经成为人类的“根本权力”，它是通达其他诸如工作、居住、教育、健康权利的一个必要条件，它体现的是一种高效性。这种高效的可移动能力，可加快生活节奏，提高生活效率，增加社会交往机会，从而激发城市活力。

对我国城市而言，通过紧凑集中的建设，提高城市设施的服务效率，可实现我国城市新区的可持续发展和旧城区品质的提升。尽管我国紧凑的城市形态不可能像西方后工业国家那样采取规模较小的发展模式，但基于中国国情，发展紧凑的城市形态不失为中国建设高效城市的重要途径。

（2）宜居的城市。城市的发展不仅表现在物质上的改善，更重要的是其作为生活容器和历史文化载体所应当发挥的作用，即提高生活质量、改善人际关系。

居住生活，人们的日常生活除了家居生活以外，就是公共生活了，空间对公共生活提供场所或“发生器”，公共生活同样也会对城市空间产生反作用力。公共场所对个人而言，不仅起着塑造人们行为方式的作用，而且可以提供精神上的愉悦。城市生活的展开，依赖于这些公共场所的开放性和丰富性。

中国作为世界上人口最稠密的地区之一，并不缺少市中心的人气，实际情况是市中心商业区往往出现人群拥挤的现象。

针对我国城市的高密度现状，应该营建网络化公共空间系统，避免一味追求气派修建大型广场，应因地制宜建造一些街头小广场或小游园。这些公共空间与人的办公、居住、商业、休闲等紧密渗透和衔接，是渗透于整个城市日常生活的场所。这种大中小组合的网络化公共空间星罗棋布、整体连续，不仅提升了城市整个空间环境，更有利于促进日常生活交往，满足人们多层次、多样化的需求。

(3) 快乐的城市。在城市文明历程中，有一些因素是极其活跃的，它们的出现是为了满足人们对精神文化的追求，比如音乐、舞蹈、绘画、竞技、游戏……，我们将这些活动统称为娱乐活动。

当代城市应该延续和深化城市的活动性，如积极促发一些非正式的城市活动，如：才艺的交流（如街头艺人的表演）、小商品的交换（如街头市场）、观点的交流（如集会活动），这些活动是城市日常公共生活的主要内容。

作为节日和活动大舞台的城市，更能激起人们的热情，如文化活动：各种演唱会、博览会、展示会等，使市民们能极大地享受到生动有趣的社交活动，体验都市生活的欢乐。各种运动会、选美、择优的竞技比赛，可使市民们感受到城市旺盛的生命力。周期性的节日庆典、狂欢、游行等多样化、有组织的大型都市活动可以宣泄市民们充沛的激情，充分展示城市的娱乐性。

当代著名的游戏性场所——迪斯尼乐园，成为人们体验梦幻刺激的游乐场，而拉斯维加斯更成为商业、享受的天堂，使身临其境的人有类似于剧院般的感受。

总之，城市公共空间是演出人类生活戏剧的天然大舞台，欢乐是活力城市的重要特征，应重视城市发展中的随机性和自我生长能力，应重视人内心的特质，在城市生活中多一些感性的存在，少一些冷漠的理性，用心去体味市井和大众文化，创造人性化的场所，呵护和引导好市场，以健全和发展好城市。

（一）打造活力城市的原则

要想评价一座城市具有活力的程度是很困难的，因为缺乏具体的标准。但如果想要加速一个城市活力的建设，则是有原则可寻的。

结合当今时代的特点，打造具有活力的城市需要遵循以下原则：

(1) 真实的城市。一座城市要想产生活力，首先就是要符合真实性，名不副实，不管多么悦耳动听，都是没有生命力的，对城市的发展也毫无意义。

如今中国城市的快速发展，在很大程度上是由农民工大量进入城市带动的。

据官方数据显示，过去10年，中国城镇化率以接近1.2%的速度增长，到2011年中国城镇人口达到了6.91亿人，人口城镇化率达到51.27%，城镇常住人口首超农村常住人口。如此多的人口进入城市，显然会在一定程度上带动城市的活力，但现实情况是，随着城市涌入人口不断增多，内需却没有相应地扩大。其中的原因在于，这6.91亿城镇人口中，有1.5亿以上人口是农民工，他们看似城市人，但福利、住房、教育都与城市人口相差很大。这些农民工虽然在城市就业和生活，但仅仅是劳动力的城市化，而不是家庭的城市化，因此农民工们很少在城市消费。同时，由于他们在劳动报酬、子女教育、住房、社会保障等方面都不能享有城市居民的同等待遇，也使其消费能力偏低，没有真正带来内需的增长。

中国发展研究基金会在2010年9月21日报告中把这一状态称为“半城市化”，而中国社会科学院财贸研究所发布的一份报告则将其更形象地称为“伪城市化”。

有人说，当前农民工城市化问题已经占到了中国社会问题的1/3。如何缩小城乡差距，保持社会稳定，提高农村收入，帮助解决“三农”问题，是今后城市发展的重中之重。

（2）不可或缺的城市。专属性也就是不可替代性，一座城市的品牌、特色、经济、发展轨迹等都是不可复制的，不可能既适用于甲城，也适用于乙城、丙城。

当一座城市成为一个国家、一个区域不可替代的城市，那么这个城市就很容易发展出活力，如果一个城市的品牌做到具有不可替代的特色，也就具有了垄断性。

因此，具有专属性的城市，往往感染力和生命力都很强。比如“中国瓷都”作为景德镇的城市品牌就具有不可替代性，因为一提到“中国瓷都”必然会想到景德镇，而不是其他城市。

新中国成立以来，中国有十大城市，中国90%以上的高校、军工企业都驻扎在这十大城市，著名的北京大学、清华大学、复旦大学、南京大学、华中科技大学、西安交通大学、南开大学等高校几乎囊括了国家在政治、经济、文化等各个方面的核心人才；而沈阳、成都作为老工业区，更是撑起了共和国的脊梁。

改革开放后，又有一批新兴的城市崛起，并逐渐显示出了重要性，其中以深圳、苏州、东莞、温州、杭州等为代表，这些曾经的中小城市、县城、甚至是小渔村如今已发展成为经济强市，在中国的整体经济中显得越来越重要。

(3) 被广泛认同的城市。一个具有活力的城市，必然是被人们广泛认同的城市。由于其认同性，一方面对于本市的居民具有巨大的凝聚力，具备鼓舞作用，使他们感到作为本市居民是光荣的，是值得自豪的。另一方面，对于城市外的公众，也具有强大的吸引力和辐射力，可赢取五洲宾朋的青睐。如深圳被称为“创业之都”，这个城市就吸引了大批有志于开拓的人特别是青年人投奔那里。

为了使城市得到认同，最主要的还是人们对城市的美誉度。人们对城市的美誉越多越强，对城市凝聚力、吸引力和辐射力的增强就越有好处。

(4) 被人称赞的城市。被人称赞一定具有两个特点：一是具有独特的城市个性，二是具有以人为本的城市精神。

由于历史传统、地域环境、思想文化、发展水平等方面的差异，每一种城市精神都是与众不同的，是其所属城市本身特有的，这种个性是城市精神的重要支撑。城市精神不能脱离历史遗传和地域特色，更不能脱离目前城市现状，而应该是构筑在原有基础上的改造和创新，若全盘摒弃原有的地域精神痕迹，就丧失了其本身的特色，所谓城市精神也就变得“千城一貌”。

城市精神必须以人为本，一切服从于唤醒人的自知、提升人类素质的需要、关心人的长远发展的全过程，侧重人的全面发展的需要。这样才能够引领市民奋发向上，提高城市的凝聚力。同时城市精神要具有一定的前瞻性，要考虑城市所在地区与位置、作用，以及时代潮流、文化走向等因素，并具有一种广阔的全球化视野，引导外界全面准确地了解城市，加深对城市的印象。

在城市精神的提炼过程中，要重视民众的意见，争取全民参与。要让市民意识到自己对城市负有的义务和责任，作为城市中的一员，不仅是城市精神的接受者，同时也是一位精神文化的参与者和维护者。城市精神只有通过市民的精神气质、道德素质、生活方式以及规章制度才可以体现出其公共价值。

(二) 活力城市模板

近几年，中国最具权威的央视频道（CCTV）每年都举办一次“中国十大最具活力城市”的评选活动，从经济、人文、社会状况等多个方面进行评选。

在入选城市中，有几座城市十分亮眼，比如青岛和深圳，都频频登上榜单。这两座城市在受到关注和赞誉的同时，一定也有独特的魅力所在。下面就了解一下这两个城市的活力所在。

(1) 品牌之都青岛。在青岛，你随时都能感受到品牌的力量，它是一个品牌荟萃的城市。在这里诞生的品牌不仅在中国有着巨大的影响，而且也影响了世界。地处黄海之滨的这座城市，早已将目光放眼于世界，追求更卓越的影响力。

据统计，青岛拥有11个中国驰名商标、44个中国名牌产品、151种山东名牌产品、189个青岛名牌，5家企业获得国家质量管理奖；在全国“向世界名牌进军”的16家具有国际竞争力的企业名单中，位于青岛的海尔、青啤两家企业名列其中。

世界第四大白色家电制造商、中国最具价值品牌——海尔，就诞生在青岛。世界品牌实验室评出的全球最具影响力的100个品牌，海尔是唯一一个入选的中国本土品牌；在“2004中国最具价值品牌”的评选中，海尔以品牌价值612.37亿元高居榜首；在由爱国华人商会世界著名企业联盟、美中经贸投资总商会、世界品牌组织、全球华人名牌网等机构联合推选的2005年度世界著名品牌500强企业中，海尔集团也名列其中。由此便可以看出青岛的品牌影响力了。2005年11月，在北京举行的“2005中国自主创新品牌高层论坛暨中国品牌经济城市峰会”上，青岛市被授予“中国品牌之都”称号。

青岛的品牌荣耀不是天时地利的结果，而是青岛城市发展中的心之所向，是青岛人共同打造的成果。从1994年起，青岛市就开始开展“培育名牌、发展名牌、宣传名牌、保护名牌”的活动，实施新一轮名牌工业产品培育发展滚动计划，同时不断培育新的名牌。

例如，提出通过技术引进、技术开发、技术改造以及加强质量管理等手段，每年培育扶持5～10种“青岛名牌”产品，用5～7年时间形成5个以上在国际上叫得响并具备争创国际名牌实力的产品、20～30个全国名牌产品、40～50个山东名牌产品，以及100个行业“排头兵”产品。

青岛市政府在城市品牌建造上给予了极大的支持，包括财政、税务、信贷、外汇、投资及产业政策上都给予相应鼓励措施，取得显著成效。海尔、双星、青岛碱业公司等30多个企业都在中国同类行业第一个获得ISO 9000国际认证。青啤、海尔等企业在跨地区经营方面取得明显成效，奠定了全国同行业“霸主”地位。

在品牌经济发展的同时，青岛市政府也不忘精神文明的名牌建设，积极开展“创服务名牌、树青岛形象”活动，促使一大批各具特色的服务品牌和政务品牌涌现，成为国内交易成本最低的城市之一，吸引了大量的外来投资者。由此，赢得了“企业家满意奖”，被《财富》杂志评为“中国大陆最佳商务城市”。

从品牌经济发展到品牌城市，表明了青岛品牌战略的实施实现了质的飞跃。在“诚信、和谐、博大、卓越”的城市精神鼓舞下，青岛将品牌之都的荣耀发展得更好，将其品牌影响力扩展至世界。

(2) 创业者的天堂深圳。深圳，又称为“鹏城”，是中国最大的移民城市，是年轻、干净、美丽、有亲和力的城市。深圳速度和深圳效率渗透进人们的骨子里。在深圳街上，人们走路都是一路小跑，没有人聊天或者闲逛。在这座城市里，人口平均年龄只有26岁，这片朝气蓬勃的土地，是创业者的乐园。

深圳原本仅是一个渔村，1979年，邓小平同志“在中国南海边画了一个圈”，改革开放给深圳的发展提供了一个莫大机遇。紧接着，深圳用飞驰般的速度领跑中国经济，发展成为全国四大一线城市之一、国际化大都市、中国华南第二大城市。

深圳与中国其他大城市相比，其独有的特点就是以创新、创业为核心的城市理念。它是中国最年轻的特大城市，基础设施建设完善、市场环境也非常出色，各种新思想、新创意都会很快在这里传播，不会轻易被排斥。丰富的具备时代特征的创新文化，使得深圳自然而然地成为年轻人心目中创业的天堂。

国家和政府对于深圳的发展也给予了有力支持，深圳是我国第一个被中央批准的创新型试点城市。一个创新型城市的建设必然离不开大批的创新型企业，只有大量的创新型人才才能支撑创新型企业。如此相互作用着，共同培育了深圳这块创业者发挥才华的肥沃的土壤，也因此吸引了更多怀揣创业梦想的年轻人。可以这么说，深圳的血液中时刻流淌着创业的基因，这里的人们创业的梦想从未间断过。

改革开放这么多年，深圳这篇创业者的沃土对全国各地的人才产生了巨大的吸引力，每年有10万大学生闯“鹏城”，可以说是中国的人才聚居地。这巨大的吸引力也来自它独有的“移民文化”。“移民文化”的特点就是兼收并蓄、勇于拼搏、积极进取。既鼓励成功，也宽容失败。因为宽容，所以跌倒了还可以再爬起来，还可以继续努力。

人是文化的载体和目的，有什么样的人就有什么样的文化。深圳汇聚了来自全国各地的创业者，这就造就了“移民”人口特有的创业激情、文化包容与创新优势。事实上，深圳的城市发展史，就是一部各地移民的创业史，也是一部“故乡文化”相互交融的新生史。

自从成为开放的窗口、改革的试验田之后，一批又一批的年轻人满怀抱负和希望赶来深圳特区，在这片创业的热土上挥洒青春与才情。深圳大多数人口都是外来“移民”，他们来自全国各地，这里虽地处岭南，通用语言却是普通话。

仅仅 10 多年的时间，深圳人口从几十万人发展到几百万人，突破千万人也只用了 10 多年。大量的“移民”给深圳带来了前所未有的活力。各类人才、精英以及勤劳踏实的劳动者聚集于此，大家耳熟能详的就有任正非、侯为贵、王石、马明哲、麦伯良、徐少春、马化腾。

在深圳，“移民”必须开拓拼搏、不断创新才能成功，换句话说，也只有具备这种素质的人才会加入到深圳创业的浪潮中。从某种程度上说，这也大大拓宽了深圳文化的发展空间。海纳百川的胸怀和创业的土壤为深圳不断带来大量的新鲜血液，毫无疑问使得深圳发展成为一座活力无限的城市。

四、城市活力诉求与影响因素

为了保证城市定位的准确性和科学性，必须全面衡量城市所具备的资源，只有将所有的因素都纳入考核对象，并且对比其中优劣势，才能做出最佳的选择。

因此，根据国内外关于城市研究的理论和实践总结出八大要素，以此作为全面衡量一个城市的重要因素。

（一）政治因素

政治因素是一个重要的因素，也较为特别，不是每个城市都具备这一因素。如果一个城市被赋予了较为重要的政治功能，那么其他的特点通常会显得相形见绌。比如每个国家的首都、我国国内每个省份的省会城市，只要提到它们，首先与之相联系的都是其政治内涵，至于其他的特点，都排在政治因素之后。

政治因素并不仅仅指首都或地方首府，根据国际的实际案例，它也包含国际性重要组织带来的影响，例如，瑞士的日内瓦，那里云集了联合国驻欧洲办事处、国际劳工组织、世界卫生组织、国际红十字会总部等 200 多个国际机构，这些机构赋予日内瓦的政治功能使得日内瓦的名声远远大于了瑞士首都伯尔尼。

（二）经济因素

经济是城市发展的基础，也是城市品牌打造的重要支撑。城市的发展离不开经济，而城市经济的发展依赖于城市合理的产业结构，尤其是为本城市经济发展添砖加瓦的企业，它们对城市的发展和城市核心竞争力的形成具有举足轻重的作用。

城市的名优企业或者是具有一定实力的优势产业，直接为城市品牌的建设提供了强有力的支持。如果城市的某种产品、某个企业，或者是某一产业在市场上占有重要的地位、具有突出的优势，甚至在某个范围内具有一定的知名度，则可以直接成为构成品牌的要素。

以广东省东莞市为例，它的制造业起步较为稳健，具有一定的优势，因此将发展制造业定位为其品牌建设之后迅速崛起。众所周知，东莞现如今已经成为全球知名的信息产品零部件加工制造基地，成为一个名副其实的IT产业大市。

（三）人文因素

在中国，可以说每一座城都具有一定的历史，在城市的发展过程中，文化的传承不可丢，每一个城市的历史文化、民族传统、民风民俗以及因此而形成的特色，都是这座城市的财富，是城市文化的反映。

人文因素赋予了城市独特的味道和风格，与经济不同的是，这样的底蕴是每一座城与生俱来的，是最具有特色的因素，别人无法模仿。也正因为如此，很多城市都以其独特的城市文化作为塑造品牌的重要内容。

英国的牛津、剑桥打造的是教育、学术的品牌，并且为世界公认。我国五大民族自治区以其独有的少数民族风情资源为本，打造各自独一无二的少数民族品牌。山东曲阜凭孔府、孔庙、孔林，借孔子之名打造出一座“东方圣城”。就现代人文来看，浙江义乌强化小商品城市的文化形象，成为中国乃至世界小商品文化名牌城市。

（四）历史因素

每一座具有历史的城市在历史上都必然扮演过一定的角色，如果所扮演的某种角色在漫漫历史长河中留下了深刻的印记，在某一地区甚至在世界上都产生了影响，留下了不可磨灭的印象，那么这一角色就很容易成为该城市的品牌。

西安，作为世界四大古都之一、中国四大古都之首，凭借其在中国历史上建都时间最长、建都朝代最多、影响力最大的都城地位，2011年被定位为全国唯一的“历史文化基地”城市。同时它又是“丝绸之路”的起点，拥有明城墙、秦始皇兵马俑等历史遗迹，其古城品牌毋庸置疑。

"九朝古都"洛阳、"六朝古都"南京，都是因其曾扮演的历史角色的因素而出名。而湖北省赤壁市则是因为著名的"赤壁之战"而为世人所知。

（五）区位因素

俗话说，天时不如地利，很多城市的形成和发展都得益于其区位优势，比如天津、广州、苏州、连云港等。城市本来就是一个空间的存在，其本身以及周围的地理特征对城市的发展或城市的形象构成至关重要，那城市品牌的形成自然也同城市的区位优势密切相关。

汕头濒临南海，临近中国台湾地区和珠三角地区，地理位置的优越不言而喻，同时它也是侨乡之一，亲缘优势又促使其与台湾地区和珠三角地区双向联系，当内陆城市还在封闭状态时，它就已经开始对外开放，长期以来形成的外向型经济模式加快了城市经济发展。

往北再看连云港，作为欧亚大陆桥的东端起点，其优越的地理位置使连云港较早地吸引外商在此投资。另外，"山城"重庆、"九省通衢"武汉，还有"祖国的南大门"广州，这些称号都是由于其独特的地理特征而决定的。

（六）环境因素

随着城市化快速发展中问题的暴露，人们也开始注重"人"的真正需求，开始注重人生活的环境，"宜居城市"就是打造出适宜人类居住的环境，拥挤的交通、污染的空气、嘈杂的环境等，这些都是"宜居"的杀手，创建"宜居城市"是每个城市的目标。

"宜居城市"的热潮，让人们开始关注澳大利亚的墨尔本、加拿大的温哥华、德国的慕尼黑、土耳其的伊斯坦布尔、瑞士的日内瓦等城市，因为他们获得了联合国"宜居城市"的殊荣，已成功打造"宜居"的品牌。

目前在国内，也掀起"宜居"之风，杭州凭借其优美的环境，提出了"住在杭州"的发展战略，着力提高生活环境质量，突出城市的人性化，努力打造"世界休闲之都"的城市品牌。

（七）制度因素

制度的作用在于宏观调控，以达到资源的优化配置。合理的定位和布局对于提升城市的竞争力具有重要的意义。

政策决定了一个产业的布局、结构和兴衰。政策制度通过利益安排决定和影响人力资源的创业冲动，通过影响交易费用进而创造城市价值，所以政策制度是制约城市竞争力的关键。

深圳等沿海城市的崛起，除了其得天独厚的区位优势外，国家的政策制度倾斜也是其崛起的关键因素。

（八）潜力因素

潜力是未来发展的重要力量，到目前为止不是每一个城市都已发展完善，尤其是对国内的大部分城市来说，许多城市还处于中级甚至只是起步阶段，但是根据对其现状的分析，可以判断其发展的方向和辉煌前景，这个时候，人们也会为它打出品牌。

例如，包头市的大型钢铁基地还没有完全实现，但是规划的蓝图和目标已为人所共知，于是包头也有了和鞍山一样的称号，“祖国的钢城”也就成为包头的城市品牌。

在发展潜力方面，上海曾领先于北京，但是北京成功举办第29届奥运会，为打造北京的城市品牌提供了千载难逢的良机，在呈现给世人一届前所未有的奥运会之后，北京在亚太地区乃至全球的知名度和影响力大大提高。

第五节　城市文化危机

在21世纪，城市文明成为人类文明的主流，在这个过程中，城市的角色也发生了改变，从曾经较为表面的“功能城市”走向更深层次的“文化城市”。

城市文化开始发展对城市精神也提出了需求。城市精神是一个城市的灵魂，是一座城市的精、气、神，从某种程度上说，它是一座城市经济、文化、社会、历史等方面浓缩的精华，是一座城市发展的精神支柱和内在动力。并且最重要的是，城市精神对城市的政治、经济、文化的发展具有重大的战略指导意义。

但现在的实际情况却是，我国的很多城市在城市精神文化建设方面的认识和实践远远不足，很多城市在追求经济的过程中忽略文化建设，甚至走入误区。

一、城市历史的丢弃

“旧城改造”在一段时间内成为中国大小城市的一股浪潮，为了达到现代化城市的目的，对城市的遗留采用了大拆大建的开发方式。这其中的很多大拆大建都忽略了对文化的保护和传承，盲目的“旧城改造”导致人文信息丰富、具有地域文化的历史街区和传统民居被无情地摧毁，破坏了城镇文化的建筑等载体、割裂了历史文脉、破坏了传统的社区邻里，最终造成城市记忆消失。

中国的城市发展过于追求现代化的特征，往往忽略保留历史特征，而历史的传承才是一个城市文化最有力的底蕴。越是文化发展成熟的城市，历史积淀就越深厚，城市的个性就越强，特色就越鲜明。

以色列的特拉维夫建于1909年，与历史名城相比，它十分年轻，但是这座城市一直采用传统的建筑方式，保持统一的色彩和样式，不到100年，它就列入了世界文化遗产名录。罗马万神庙、埃及金字塔、维也纳金色大厅，让人们感觉到城市是从历史中走来的。在国内，丽江古城是一个成功的案例，古城风貌以及文化习俗的保留使它成为无数人向往的地方；苏州发展经济的同时不忘在古城内控高、控制色彩，不大拆大建，也很好地保持了古城风貌。

但是目前，我国建设过程中的问题依然较多，抄袭、模仿、复制现象很普遍，以至于现在中国的大部分城市不分地域、不分规模，似乎都是一个模子印出来的，毫无特色可言。许多中小城市盲目模仿大城市，把高层、超高层建筑当作现代化的标志，而大量新建筑并不能增强城市的文化身份和特征，反而使城市景观变得生硬、浅薄和单调。大城市在城市的建设中还存在对于历史遗留的保护问题，例如，在北京，越来越多的高层建筑逼迫着古老的四合院和老街；在重庆，标志性的朝天门码头、吊脚楼、石台阶被拆除。

二、城市文化缺失

对于城市建设的根本目的，各地方的认识还不够完善，在他们眼中，城市就该是全面的现代化，充斥着高楼大厦和高科技，城市就该是一个足够完善的功能城市。但是事实上，一个真正完美的城市应该是一个社会和谐的文化城市。北京的很多遗址公园，已经成为北京市民喜爱的休闲场所，人们需要在闲暇时看看风景，用心去感受这座城市，而不是穿梭于过于人工化的功能场所中。美国纽约不到4平方公里的中央公园，那里才是周围高楼大厦中的人们最喜爱的地方。

好的城市环境应该是人文和谐的，可以使人与城市更好地相融。北京四合院经过数百年的调整完善，成为最符合北京风土人情、地理气候的居住形式。而20世纪70～80年代新城市建设中建造的民居都只是昙花一现，高层住宅一时兴起，但是没几年就出现了抱怨：高楼的遮挡致使一半的家庭阳光不充足，无处停车等。

与居民楼的变化相似，新城市化运动之后，中国的很多城市都热衷于建造大广场、摩天大楼、景观大道，城市建设已经脱离了人们的需求和关怀，目的只是和其他城市进行比拼。这其中有很多缺乏功能主题，也忘掉了文化责任。

城市不仅是一个物质环境，而且要提供良好的文化环境，这就需要用文化意识指导城市管理。现代的城市精神就是城市文化的一个重要的组成部分。对城市精神的概括和提炼，可以使更多的民众理解和接受城市的追求，转化为城市民众的文化自觉。

但是现在全国有 180 多个城市要建成国际化大都市，事实上目前世界上被普遍承认的国际化大都市只有伦敦、纽约和东京，中国有望加入这个行列的城市目前只有香港、上海和北京。各城市都盲目追随国际化大都市的潮流，这都是由城市间的盲目攀比造成的，反映出对文化传统认知的肤浅，对城市精神理解的错位和对城市发展定位的迷茫。

虽然现在有很多城市的标志已让人记住，但其中很多是不锈钢钢柱上顶着个球，起个“腾飞”或“飞跃”的名字，完全看不出城市的人文和历史。北京荷花市场牌坊下的星巴克、隆福寺街口的肯德基、西安钟楼边的麦当劳，这些品牌已经深入到了中国历史文化的核心地段。品牌的高明和成功拓展，反映的是我们对自己的文化内涵的缺失，是文化认同感和文化立场的危机。

三、保持城市文化活力的关键

新旧结合是保持城市文化活力的关键。完整的城市文化必须包含着历史，同时与时俱进地发展现代文化，城市的文化传承通过对新与旧的结合形成了新的城市文化，城市在其漫长的发展过程和历史的积淀中，需要让每一位市民形成对它的认同并且参与其中，这样的城市文化才具有活力，才可以不断发展。

在现在的中国，城市化是社会主流，在城市化的过程中保持城市的文化活力至关重要。因此，必须对城市文化中的新与旧加以结合，保持城市历史的连续性，传承城市文化，在此基础上实现城市的发展。

文化的新旧结合必须是和谐统一的，尊重历史并不意味着过多地受到历史形态的束缚，发展现代化也并不意味着新文化代替旧文化。而是要去粗取精，将历史文化融入新的城市形态之中。

例如，近年来对于历史遗迹的保护越来越受到人们的重视，但是对于历史街区的保护不应陷入一个误区：把历史街区当作凝固的场所。保护历史街区并不意味着只是把历史街区作为景点仅供观赏，应让它跟上现代城市发展的进程，把历史街区融入现代生活，为现代城市生活服务，当然这其中要注意保护历史遗迹形态。这种保护是以发展为主导的，是保持历史街区活力的唯一途径。

事实证明，城市历史形态的新与旧是可以在时间的跨度中找到缔结纽带的，例如，意大利威尼斯著名的圣马可广场，历经近千年的时间跨度，经过多次改建、增建，广场不断丰富完善。由于其后人始终抱着新与旧结合的观念，完善了城市场所，打造宜人的城市公共空间，从而使得城市文化得以延续，文化活力得以保持。

第四章　河北邯郸城市现状与内活力展示

第一节　河北邯郸概述

邯郸是河北省省辖地级市，位于河北省最南端，晋冀鲁豫四省交界处，西面是太行山脉，东面是华北平原，北连邢台、南毗安阳、西接长治、东临聊城，是连结晋、鲁、豫三省的枢纽，因其在河北省最南部，故称为“河北的南大门”，是国务院批准具有地方立法权的 18 个较大的市之一。

邯郸地势自西向东呈阶梯状下降，高差悬殊，地貌类型复杂多样。自西向东大致可分为五级阶梯：西北部中山区、西部低山区、中部低山丘陵区、中部盆地区、东部冲积平原。全市总面积 12073. 8 平方公里，常住人口 951. 11 万人；主城区面积 2661. 83 平方公里，人口 367. 42 万人。

邯郸是晋冀鲁豫四省交界区域唯一具备铁路、公路、航空交通的城市，是华北地区和晋冀鲁豫四省区域重要的交通枢纽，京广铁路、邯济铁路、邯长铁路、邯黄铁路、京广高铁等纵横贯通，106 国道、107 国道、309 国道、京珠高速、青兰高速、邯大高速形成双十字交叉，邯郸国际机场坐落于冀南新区。随着邯黄铁路通车，黄骅港、京唐港联系更为快捷。境内铁路、高速公路、国道和各等级公路纵横交错，形成了发达的交通网络，便利交通更为便捷，尤其是到京津，已实现朝发夕返。

邯郸位于晋冀鲁豫四省要冲和中原经济区腹心，建城 3100 多年，是战国时期赵国的都城，赵国在此建都 158 年，魏县为魏国都城；汉代与洛阳、临淄、南阳、成都共享“五大都会”盛名；汉末曹魏在临漳建都，先后为曹魏、冉魏、前燕、东魏、北齐都城；北宋，大名府成为北宋陪都；清代，大名府为直隶省第一省会。邯郸是全国唯一一个没有更改姓名的城市，2005 年 10 月 26 日，中国文联和中国民间文艺家协会在邯郸举行命名颁牌仪式，命名邯郸为“中国成语典故之都”，是中华人民共和国国务院确定并公布的国家历史文化名城，早在 10300 年前新石器早期磁山先民就在这里繁衍、休养生息。绵绵8000余年的历史铸造成就邯郸十大文化脉系：梦文化、磁山文化、赵文化、女娲文化、北齐石窟文化、磁州窑文化、建安文化、广府太极文化、成语典故文化、边区革命文化，内涵博大精深，风格丰富多彩。

邯郸还是刘邓大军诞生地和晋冀鲁豫边区政府所在地。中央人民广播电台的前身——华北新华广播电台在此开播，《人民画报》在此创刊，中国人民银行前身之一的冀南银行在此诞生。2017年，邯郸市入选第五届全国文明城市。

邯郸属于典型的暖温带大陆性季风气候，四季分明。春季风多干旱，夏季炎热多雨，秋季温和凉爽，冬季寒冷干燥。

邯郸境内自然植被类型可分为针叶林、阔叶林、灌丛和灌草丛、草甸、沼泽植被、水生植被等六种类型。森林植被主要分布在西部太行山区和丘陵地带，一般冬季较为荒凉，夏季茂密；草丛植被主要分布在山地丘陵区的沟谷和荒坡，草甸植被在全境均有分布；沼泽植被和水生植被主要分布在东部滞水洼地，如广府古城附近的地带。亚热带树种漆树在西部山区广泛分布。领春木和太行花为邯郸市特有的植物物种。邯郸栽培植物资源主要作物有冬小麦、玉米、稻谷、棉花、花生等，是全国主要的粮棉、禽蛋、蔬菜生产基地，主要土特产品有核桃、柿子、花椒、鸭梨、大蒜、辣椒等。

邯郸蕴藏有种类繁多的矿产资源，是全国著名的煤和高品位铁矿石产区，拥有丰富的“两黑”——煤、铁资源，煤炭和铁矿石储量分别达到40亿吨和4.8亿吨。其中，煤炭储量丰富、煤种齐全、煤质较好；铁矿品位高、有害杂质少、可选性好。此外还有较为丰富的非金属矿资源，如铝矾土、耐火土、硫铁矿、含钾砂页岩、碳石等40种以上矿藏。各种矿产地200处。

邯郸是一个农业为主的地级市，工业以钢铁、矿产和机械装备制造为优势，第三产业不断增长。

第二节　邯郸区域文化发展及其特色

一、邯郸的历史文化脉系

邯郸历史悠久、历史积淀厚重，经济社会发展相对发达，凝聚了深厚的文化底蕴，文化色彩丰富浓厚，传承继承与承载翔实广泛，留下了诸多历史故事，凝聚了脍炙人口的成语典故。绵绵 8000 余年的邯郸历史，不仅是历史长河中的辉煌，更在现实中得以展现，十大文化脉系的铸就抒写着人类的智慧和向上的力量。

（1）赵文化。邯郸作为赵国的都城，在漫长的社会历史发展进程中，积淀了文化，积蓄了力量，积累了政治经济财富，经大浪淘沙，凝练与升华，形成了独具特质的赵文化。赵文化以胡服骑射为代表，其基本内涵就是善于学习他人，取人之长，提倡开放、进取、包容，这是一个历史真实故事，后来演绎成为一个成语。胡服骑射，展现出当时赵国在逐鹿中原时，能够向外族学习，有改革创新精神。这种精神是中华民族文化的源头之一，是历史发展进程中华夏文化与北方草原游牧文化的交汇、碰撞、融合和升华的结晶，将优秀文化元素纳入日常管理和战争策略之中，形成了独特的具有时代特征的文化基因，集中反映了北方地区诸民族冲突与融合的过程。她引领了改革创新的先河，闪烁着丰厚博深、启迪思想的光辉，是邯郸地域文化中的代表。赵文化滥觞于春秋，兴旺于战国，延续至两汉，在历史的长河中流淌至今，形成了自己独特的风韵。在赵文化的熏陶下，邯郸产生了发达的冶铁、制铜、制陶等手工业，开拓了繁荣的城市商业贸易市场，孕育了荀子、公孙龙、慎到等一代学术大师，涌现出赵武灵王、廉颇、蔺相如、赵奢等一批慷慨之士，与燕文化共同构成了中国古代的北方文化概要。赵文化的主流内涵是“开拓进取，竞争图强，兼收并蓄，改革创新”，贯穿其中的以人为本、广揽贤才、团结向上、忠勇报国等思想，对于我们今天的解放思想、改革开放仍然具有极其重要的现实意义。

（2）磁山文化。磁山文化是我国新石器时代的考古文化，是我国以粟作农业和原始农耕文化的典型代表，表现出人类顺应自然、利用自然规律、与自然相融合与斗争的精神，由于最早发现于磁山遗址，因此命名为磁山文化。经科学测定，磁山文化距今已有 8000 多年的历史。1976 年开始考古发掘，出土有陶、石、骨、蚌器等 5000 多件和大量家禽家畜、胡桃等动植物标本，还发现了炭化的粟约 10 万余斤，磁山被确认为是世界上粮食作物——粟的最早发源地，还是中国家鸡和中原核桃最早的发现地。“粟”（谷子）、家鸡和胡桃（核桃）三大发现，不仅反映了磁山先民在认识、利用和改造自然过程中为人类生存与发展做出的贡献，而且改写了我国乃至世界粟作农业、家鸡驯养和核桃产地的历史。以陶质平底盂、鸟头形支脚为特点的生活用具，以石制斧、铲、磨盘、磨棒为特点的农耕和脱粒工具，以长方形坑穴为特点的粮食窖穴，以陶、石器“组合物”为特点的祭祀遗迹等，构成了磁山文化独特而丰富的内涵，由此，磁山文化被誉为“中华瑰宝”，是我国新石器时代考古的一项重大突破。

（3）女娲文化。女娲，古代传说中人类的始祖，中国上古神话中的创世女神。在涉县的古中皇山上，坐落着女娲的宫殿——娲皇宫（当地人称为“吊庙”）。传说女娲氏在这里“炼石补天，抟土造人”。娲皇宫始建于北齐时期，初为北齐文宣帝高洋所建离宫，至今已有1400多年的历史，其建造在悬崖峭壁上，阁楼高悬、构造奇巧，九根铁链缆绳拴在山体的断崖上，被称为河北古建筑十大奇观之一。娲皇宫中有三宝：女娲传说、铁索吊楼和摩崖刻经。刻经共有六部：《思益梵天所问经》《十地经》《佛垂般涅槃略说教诫经》《佛说盂兰盆经》《深密解脱经》《妙法莲花经》。刻经面积165平方米，分5处刻于崖壁之上，共刻经文13.7万多字。最大的一处面积54.18平方米，字数多达4.1万余字。字体有隶、楷、魏碑体，“银钩铁画，天下绝奇”，堪称艺术珍品，是我国现有摩崖刻经中时代最早、字数最多的一处，也是我国佛教发展史上，特别是佛教早期典籍中弥足珍贵的资料，被誉为“天下第一壁经群”。相传农历三月十五日为女娲的生日，来自周边乃至全国数省的游客云集在此祭祀女娲，形成盛大的娲皇庙会，人们对女娲的敬畏神圣而庄严，祭典词每年也会有所不同。千百年以来，这里的民风民俗、民间信仰和神话传说形成了丰富的神秘文化，闻名于中华大地。“女娲祭典”于2006年5月20日入选国务院公布的第一批国家级非物质文化遗产名录。以娲皇宫为代表的女娲文化，展现了人类精神，抟土造人以延续人类的繁衍；赈济苍生，与自然抗争、勇敢面对困难的不屈精神；对待犯错的子女，付诸以大爱，展现了伟大的母爱；女娲的光辉业绩抒写着中华民族自强不息的民族精神。

（4）曹魏建安文化。古邺城遗址位于邯郸临漳县，是东汉末年至魏晋时期中国北方政治、经济、军事文化的中心。在东汉末年至隋统一的400年间，为北方著名的古都，曹魏、后赵、冉魏、前燕、东魏、北齐相继在此建都。战国时期，流传着西门豹治邺的故事，至今仍被传颂。东汉末年，在这里孕育了文学史上璀璨的“建安文学”。著名的政治家、军事家和诗人曹操，携以曹氏父子和建安七子为主体的“邺下文人集团”，在邺城聚集起来，谈诗论文，作词写赋，辞赋慷慨、风格刚健、情调激越，留下了大量的词赋文论作品，在中国文化宝库中占有极其重要的地位。地处黄河之北的邺城、散布在漳河之滨的百余座东魏北齐皇陵和众多的寺庙遗址，书写着它曾经的辉煌。铜雀三台和邺城的建筑格局，对隋唐长安都城、元大都（北京城）、日本奈良城乃至后世的都城建筑都产生过重大影响。以邺城为依托的建安文化，是建安文学的摇篮、民族融合的结晶、中国文化史的奇现。

（5）北齐石窟文化。邯郸响堂山和娲皇宫的石窟众多，代表了北齐的石窟文化，是中国佛教雕刻艺术的宝藏。响堂山石窟是北齐最大的佛教石窟寺院，是位列中国云岗、龙门、敦煌、麦积山四大名窟之后的全国第五大石窟群，也是北齐佛教雕刻艺术的宝藏。它始建于北齐，经隋、唐、宋、明历代开凿续修，共有大小洞窟 16 座，造像 4300 多尊。一方面体现了中西方文化互相融汇的过程，另一方面见证了南北方文化的相互渗透，是中国佛教雕塑艺术汉化过程中承上启下、融会贯通的重要环节。娲皇宫的“天下第一壁经群”是世界上最大的摩崖刻经群，娲皇宫石窟现存北齐佛教刻经六部，共计约 13 万字，是国内摩崖刻经保存文字最多、最完整的一处，代表着北齐时期佛教发展的最高成就，是研究中国佛教史和校勘中国佛教史籍的重要实物资料，也是北齐时期书法艺术的精品。

（6）梦文化。梦文化涵盖历史、心理、生理、民俗、宗教、文艺等领域，具有传奇性、神秘性和寓理性，值得深入挖掘与思考。依据《枕中记》而建的千年古观“黄粱梦吕仙祠”，历史悠久、沧桑洗礼、格调丰羸，是建筑业界的范本。后来加入的中国“名梦馆”，内容翔实而齐全，挖掘深刻，是研究中国“梦文化”的集大成之地，也是中国“梦文化”的唯一载体。

（7）磁州窑文化。磁州窑为宋代北方民间著名瓷窑之一。现在的磁县，古为磁州，在河北省南端，是古代南通郑卫、北达燕赵的咽喉要地。磁州窑遗址是全国重点文物保护单位，位于邯郸市磁县观台镇和峰峰矿区彭城镇一带，这里有绵延的太行山，蕴藏着大量的高岭土，储存着制作陶瓷的天然原料。从北齐时就利用自然赋予的资源烧造瓷器，逐渐形成了漳河流域的观台和滏阳河流域的彭城两大窑场。宋元时期逐渐发展成为北方最大的民间瓷窑。磁州窑的作品造型优美，装饰手法丰富，色彩对比强烈，题材广泛，技艺高超。清朝《磁州志》记载：“磁器出彭城镇，置窑烧造，有碗、盘、炉、瓶诸种，黄、绿、翠、白、黑诸色。”又载：“彭城滏源里居民，善陶缸罂之属，舟车络绎，售于他郡。”销往河南、山西、山东等地。磁州窑陶瓷薪火相传，绵延数千年。产品上的艺术表现了强烈的民族意识，独具浓郁的乡土气息，表达着人们对美好生活的追求与向往，代表了古代北方民窑的最高水平。磁州窑以粗犷、豪放、潇洒的艺术风格独树一帜，创造了宋金元时期民间瓷艺的最高成就，体现出民间工艺强大的生命力。

陶和瓷都是中国的伟大发明，以至我国有“瓷器之国”的美誉。在我国的陶瓷发展史上，河北历史上著名的邢窑、定窑和磁州窑以及近年新发现的井陉窑都享誉海内外，为我国的陶瓷历史写下了光辉的一页。由此成就的磁州窑文化，在中国乃至世界陶瓷文化艺术中占有极其重要的地位。

（8）广府太极文化。太极是中国道家文化史上的一个重要概念，具有中国哲学特质。灿烂的东方文明，孕育了博大精深的太极文化。清朝道光年间，在中国邯郸的永年县广府城，诞生了一代太极宗师——杨露禅和武禹襄，广府城便成为中国太极拳两大流派——杨式太极拳和武式太极拳的中兴发祥地。在此后的100多年中，杨式太极拳和武式太极拳广为传播，特别是杨式太极拳以其易学美观、健身强体成为全国普及的一种健身项目，并演化出不同的拳式和套数。太极拳作为祖国传统的文化艺术瑰宝，不仅从这里走遍全国，而且走向了世界，成为亿万民众热爱的体育健身运动。一年一度的太极盛会，吸引了全世界太极爱好者云集邯郸，给邯郸带来了新的经济增长和文化元素。太极拳以集武术、医术、导引术为一体的科学人体文化，引起了世界各国专家、学者及爱好者的重视和喜爱，广府的太极拳文化已成为中国的国粹并载入史册，永年因而被命名为“中国太极拳之乡”。如今，以杨露禅和武禹襄为代表的广府太极文化，已成为河北乃至中国向世界传播健康和友谊的纽带。

（9）成语典故文化。邯郸文化发展足迹坚实有力，文化基础雄厚，作为国家历史文化名城，其广袤地域的辉煌历史、深厚丰腴的文化积淀为邯郸留下了众多的名胜古迹和历史故事，经过千百年的披沙拣金，凝聚成了脍炙人口的成语典故。据不完全统计，由邯郸历史和相关史书中所滋生、蕴积、演化、提炼出的具有邯郸地方特色或与邯郸有密切关系的成语典故达1500条之多，如“胡服骑射”“邯郸学步”“完璧归赵”“负荆请罪”“毛遂自荐”“纸上谈兵”“围魏救赵”等，千百年来形成的这些成语典故，都以一定的故事为原型，其概述精准、言简意赅、富于哲理、寓于情趣、耐人寻味，成为中国汉语言艺术中的经典之作，为中国汉语言艺术做出了贡献。邯郸市赵苑景区内专门建造了“成语典故苑”，占地102亩，以园林为背景，把与邯郸相关的成语典故以碑刻、浮雕、绘画、自然山石象形喻义等多种艺术手法表现出来，让人们游园的同时读读成语，品味其中的故事，领悟成语的哲理。成语典故文化已成为邯郸市十大文化脉系中一颗璀璨的明珠。2005年10月26日，经中国文联批准，由中国民间文艺家协会在邯郸市举行命名颁牌仪式，授予邯郸市“中国成语典故之都”称号。2013年，河北省投资规模最大的文化产业类项目——中华成语文化园在邯郸落户。

(10) 边区革命文化。在中国抗日战争和解放战争时期，邯郸是晋冀鲁豫解放区的中心。刘伯承、邓小平及其领导的八路军129师以太行山为战场，英勇抗击日本侵略者，抒写了可歌可泣的悲壮斗争故事，展现出边区人民的浩然正气和民族之魂。刘伯承、邓小平等同志运筹帷幄、决胜千里，指挥大小战役3100多次，为中国人民的解放事业立下不朽的功勋，形成了光彪史册的革命军事文化。从这块红色土地上走出的300余位将帅，成为新中国第二代领导集体的中坚力量。这里的人民，受到革命文化的熏陶、革命斗志的鼓舞和革命志士的影响，积极参与保家卫国斗争，积极支援军队，形成了军爱民、民拥军、军民团结打敌人的高昂氛围，涌现出许许多多的爱军拥军模范。《人民日报》《人民画报》在邯郸创刊，中央人民广播电台的前身——华北新华广播电台在邯郸开播。在抗战时创建于邯郸的《人山报》影响深远，边区革命文艺活动和创作演艺队伍在这里培养、成长、壮大，催生出了如火如荼的边区大众文化。现代最早的纪念性建筑——晋冀鲁豫烈士陵园和涉县的"一二九师司令部旧址"及"陈列馆"名列全国百个爱国主义教育示范基地。

二、邯郸国家级和省级非物质文化遗产

作为国家历史文化名城的邯郸，不仅在历史的荡涤中，大浪淘沙，流传下一段段美丽的故事和众多文化脉系，更孕育了一批批国家级和省级非物质文化遗产。在这里，与上述文化脉系相同或相近的不再赘述，仅选取文化脉系之外的国家级非物质文化遗产10个和省级非物质文化遗产10个。

（一）国家级非物质文化遗产

1. 鬼谷子传说

"鬼谷子"是战国时期魏国邺城人，邺城即为今天的邯郸。"鬼谷子"姓王名禅，字诩，道号鬼谷，传说因其母"食谷而生"，故取名鬼谷。他是战国时期著名的道家、军事教育家，被世人誉为纵横家的鼻祖，不仅创办了中国第一所军事学校，还培养了张仪、苏秦、孙膑、庞涓、毛遂等一批叱咤风云的军事家、纵横家，主要著作有《鬼谷子》及《本经阴符七术》。

临漳县香菜营乡盐食村至今仍保存着鬼谷子诞生地遗址，大约占地76亩，建筑面积26亩，建有仿古建筑6处。临漳还建有鬼谷子生身圣地龙虎茅草庵，

最引人注意的是鬼谷子诞生时留下的一块血板地，这成为鬼谷子传奇诞生故事的生动载体。

鬼谷子传说是邯郸市临漳县著名的民间文学，是中华传统民俗文化之一。临漳县谷子村有一座清代的鬼谷子祠堂，其中保存着一块完整的光绪年间碑刻，鬼谷子的生平事迹和成就就刻在上面。在邻村盐食还存有一块明朝的圣母碑。近年来，临漳县将鬼谷子文化与邺城文化、建安文化相结合，启动了鬼谷子文化景区建设，先后建设了祠堂、战国军校馆、鬼谷子文化展馆、先秦文化展馆等。2010年，临漳被中国先秦史学会鬼谷子分会确定为“中国鬼谷子文化之乡”。2014 年 7 月 24 日，临漳“鬼谷子传说”已成功入选第四批国家级非物质文化遗产代表性项目名录。

2. 武安平调落子

武安平调落子分为武安平调和武安落子，二者均是河北省武安市独有的地方剧种，由于经常在一起演出，所以合称武安平调落子。武安平调落子流传于河北省南部的邯郸、邢台，河南省北部的安阳、新乡及山西省东南部的长治等地区。

武安平调俗称大戏，约产生于明末清初，是河南怀调与武安地方民间音乐结合的产物。它属于梆子腔系，有传统剧目两百多个，影响较大的有《三进帐》《姚刚征南》《董家岭》《天河配》《三上轿》《桃花庵》等。

武安落子原名莲花落，由清末武安民间流行的“花唱”发展而来。武安落子有传统剧目一百四十余出，代表性剧目有《借髢髢》《吕蒙正赶斋》《小过年》《借当》《蓝桥会》《何文秀》《王小赶脚》《安安送米》等。

武安平调落子影响深远，与宁海平调、通化落子、上党落子、内黄落子等声腔之间存在血缘关系。其主要乐器二弦、轧琴在全国绝无仅有，具有很高的研究价值。

3. 武安傩戏

傩戏，中国戏曲剧种，是在民间祭祀仪式基础上吸取民间歌舞、戏剧而形成的一种戏曲形式。傩戏起源于商周时期的方相氏驱傩活动，汉代以后，逐渐发展成为具有浓厚娱人色彩和戏乐成分的礼仪祀典。

武安傩戏历史久远。从其规模、阵容和角色来看，有宋代宫廷大傩的遗风。武安傩戏内容丰富，娱神娱人节目多样，有队戏、赛戏、竹马等。傩戏面具角色原始古朴，演出活动既有对人们进行孝道等伦理道德教化的作用，又表现了农耕社会的人们祈盼风调雨顺、五谷丰登和社会安宁的美好愿望。

武安傩戏的存在为研究中国仪式戏剧的发生和发展提供了实证资料，有重要的研究价值。武安傩戏演出中的特殊角色——掌竹，是我国宋金杂剧引戏人“竹竿子”在当今的遗存。武安傩戏完整地再现了中国仪式戏剧发展衍变中的四种形态。

4. 大名草编传统手工技艺

大名县是古代大名府所在地，县内的西付集乡是民间草编技艺的主要发源地。

河北省流传着这样一句风谣：“张庄刘村大道边，男女老少编花篮。”随处可见人们用麦莛、高粱莛、玉米皮、柳荆条、马莲草、芦苇等编织的各种日用品、装饰品、玩具等。草编技艺已有一千五百多年的历史，草编产品约有千种，产品销至欧亚等国家。

大名草编是传统家庭手工艺，妇孺皆能，题材不限，产品丰富多样。草编手工艺是我国民间艺术的一项重要组成部分，草编手工艺品对美化家庭、丰富人们生活有着积极的作用，它反映和体现了我国古代崇尚简朴的审美意识和观念。

5. 永年抬花桌

永年临洺关抬花桌是一种具有鲜明燕赵地域文化特色的民间舞蹈文化样式，融民间工艺制作、抬舞、吹奏、打击等于一体，兴始于唐代初期，距今已有一千余年的历史。据记载，隋末秦王李世民在临洺关西五里处的娄山驻军，与在永年称王的窦建德对阵打仗，后李世民取胜，建立唐朝，李世民登基，并开创贞观盛世，李世民命尉迟敬德在临洺关造观音阁，民间大庆，结花插桌，锣鼓开道。之后，抬花桌便延续下来，代代相传，成为民间欢庆丰年、节庆盛典不可缺少的重要文化活动。

永年临洺关抬花桌作为一项民间舞蹈文化形式，有着传统的抬舞技巧、步伐程式，以及主要仪式，但随着老一代抬舞艺人的逐渐老化，年轻一代缺乏继承，其传统的技巧和内涵日渐丧失，加强保护和传承刻不容缓。

6. 豫剧桑派艺术

豫剧桑派艺术是豫剧中的重要流派。它的创始人是已故邯郸市东风剧团副团长，著名豫剧表演艺术家、教育家桑振君先生。

豫剧桑派艺术被称为“豫剧一绝”，其拓展了豫剧声腔艺术的空间和表现力度，提升了豫剧声腔艺术的品位，有着极高的艺术价值和美学价值，受到业界专家和学者的高度赞赏和评价，也受到了广大观众的认可和追捧，成为具有燕赵文化特色的豫剧艺术，并载入燕赵文化史册。

7. 曲周龙灯

曲周龙灯是曲周县独具特色的传统民间舞蹈，起源于宋代。据传，宋朝时期的曲周县十年九涝，庄稼无所收成，农民贫困交加，民间有敬奉龙王保平安的传说。为了求龙王保佑风调雨顺、五谷丰登，人们就制作了一条龙，龙内燃灯，起名“龙灯”。每年元宵节挥舞龙灯，敬仰龙王，代代相传，延续至今。

曲周龙灯造型别具一格，龙出场时腾云驾雾、气势非凡。曲周龙灯舞法奇特多变，仪仗、规模气势恢宏。表演方式达二十多种，有盘龙、滚龙、钻龙、跑龙等，还有“二龙戏珠”“龙门阵”等表演方式。

经北京民族文化宫专家鉴定，曲周龙灯被确认为汉民族龙灯的典型代表，曾被省、市电视台录制，在中央电视台综合频道、新闻频道专题播放。

“曲周龙灯”填补了我国圆身龙灯的空白，引领了龙灯发展的潮流。保护、创新、发展“曲周龙灯”，不仅对丰富和发展中国民间手工技艺、中国和世界群体舞蹈史具有重要的作用，而且对于丰富城乡群众的文化生活，促进农村精神文明建设，加强区域之间的文化交流，推动文化旅游业的发展，具有重要的意义。

8. 邯郸东填池赛戏

赛戏以娱神为主，也兼具娱人，是一种古老戏剧形式，它是在迎神赛社中形成的。赛的本意是报祭，在自然力强大的社会状况下，通过报祭神灵以求得平安，在有限的条件下，以仪仗、鼓乐、百戏来迎神祭祀，敬天地，求风调雨顺，祈求民众免受饥荒之苦。

东填池赛戏所敬的主神是“天地神”，其乃是自然造物的化身，保留着对原始自然神崇拜的古遗风特征。全村人都参与，戏中的所有角色均由村民扮演，且世袭所扮演的角色。村民表演原始朴拙，没有严谨的戏曲程式，武打简单。东填池赛戏的存在和较完整保留，为研究我国戏曲的历史衍变提供了珍贵的实体性资料。

9. 冀南皮影戏

冀南皮影根据传说是北京宫廷皮影流落到冀南地区在本地流传而成的，主要流布在河北邯郸县区。皮影戏源远流长、种类繁多，各地有自身的特点，冀南皮影分布在河北南部，并影响冀中、冀北等地区。冀南皮影戏是宋代中原皮影戏重要的嫡脉，河南皮影据说也是从冀南传过去的。

冀南皮影造型古朴、雕绘结合，造型体制简练，适合于普通民众的表演，体现着我国皮影戏的早期风貌。冀南皮影戏辉煌的历史，是人们当时生活状态的一种展示。

10. 永年鼓吹乐

永年鼓吹乐是河北省最有影响的民间器乐曲种之一，在河北冀东南鼓吹乐中最具代表性。传说隋末起义军领袖窦建德在永年建都称王时，军中和民间就以吹打乐来迎接，随后，鼓吹乐日渐发展、成熟、繁盛。据清光绪年间编制的《永年县志（风俗志）》中记载，民间婚葬祭礼时大量使用鼓吹乐，这种艺术曾经十分兴旺。

永年鼓吹乐演奏方式很多，主要有吹奏乐、打击乐和咔戏三种。

永年鼓吹乐主要以家族方式传承，在长期的实践磨炼中，逐渐形成自己的地方特色和家族流派，目前主要有五大家庭流派。永年鼓吹乐是河北省极具特色的地方民间艺术形式，是研究学习我国民间音乐的珍贵资料，其传统演奏方式、演奏技巧及演奏风格对我国当代民族吹奏表演艺术的发展和创新有很大的启示作用。

（二）省级非物质文化遗产

1. 毛遂的传说

毛遂系战国时期河北邯郸鸡泽人。公元前257年，秦围赵国都城邯郸，危难之际，毛遂自荐请缨，出使楚国。由此，“三寸之舌，胜百万雄师”成为千古美谈，由毛遂自荐的故事衍生了十个成语，被《现代汉语成语词典》收录，并广泛使用。

毛遂传说蕴含着高尚的爱国主义情怀。在国家民族危难之际，在人才需要的重要时刻，毛遂能够自荐，挺身而出，表现出对祖国、对人民强烈的爱与责任；毛遂传说蕴含了敢于创新、拼搏进取的理念。自荐在当时的社会状况下，是从来没有过的，没有思维和方法的创新，就不会有脱颖的结果，自荐的事情也就不会发生；毛遂传说展现了勇于担当的精神。家国情怀是担当，联楚成功与否是担当，敢于去试去闯是担当，正因为肩上承赋着这种担当，才能够去自荐，自荐后去联楚也是承担着风险的，要担当国之风险，毛遂一荐，不计个人得失，这种自荐精神是发展的要求、创新的动力、进步的源泉，是中华民族屹立于世界之林不可或缺的品质，是新时代值得提倡和追求的价值理念。

2. 赵奢战鼓

赵武灵王的故事可以说是家喻户晓，他为了和平与发展，推行“胡服骑射”，名将赵奢积极响应，曾被封为“马服君”。在交战中，赵军急擂战鼓，以鼓势助威，振奋士气，从而势如破竹，全歼敌军。赵奢由此悟出战鼓的威力和作用，因此，战鼓的作用被发掘，战鼓的作用逐渐开发完善，形成了出战、激战、凯旋、上山攻、下山攻、平原冲锋等多种多样的击鼓方式，蕴含着各自的含义与气势。在长期的实践中，赵奢不断推进、改进和创新，渐趋规范，并形成了23套鼓谱。

赵奢战鼓及23套鼓谱至今保留在邯郸县紫山东麓20公里处的大峪庄。

3. 剪纸（邯郸剪纸）

剪纸是在人们生活中形成的，也是人们生活的写照，在我国有悠久的历史和众多的形式，很多地方都流行剪纸。在人们日常生活中，为了美化环境，装点欢乐氛围，剪一些花草鱼虫，既增加美感，又表现了人们追求美、弘扬美的情趣和艺术创作魅力。

邯郸剪纸是具有冀南地方特色的民间艺术形式之一，这里的剪纸作品无论图案多么复杂，画幅多么大，都是用一把剪刀剪制而成，其主要作品与邯郸民间故事有一定关系，比如，《胡服骑射》《完璧归赵》《负荆请罪》《窃符救赵》《邯郸学步》《梅开二度》《黄粱美梦》等。

邯郸剪纸主要传承人代表闫飞、王秀梅的剪纸技法独特，内容广泛，既传承了民族文化内涵和传统技法，又与时俱进、开拓创新，形成了复兴区民间剪纸流派，成为冀南大地剪纸艺术的一枝奇葩，是人类智慧的结晶和珍贵的文化遗产。

4. 磁县坠子

磁县曲艺坠子是邯郸一种民间艺术，在清道光初年，河南开封曲艺形式三弦书传入邯郸，并衍变生成磁县坠子。表演艺人通过说、唱、表（道白）塑造人物，其唱腔以叙述为主。

坠子产生于民间，来源于人民群众的生活，所以为群众所喜闻乐见。它有说有唱，生动活泼，通俗易懂，具有浓厚的民族特点和地方色彩，是我国曲艺艺苑中一朵娇艳的鲜花。

5. 涉县平调落子

平调落子历史悠久，在涉县有着深厚的民间文化基础，在晋、冀、豫三省交界的广大地区一直享有较高的声誉。

涉县平调落子形态原始，保留着一些戏曲的初创状态，使人们看到了民间戏曲演变，平调落子在演出中以自编自导为主，移植为辅，武打戏较多。

涉县平调乐器伴奏中，主要乐器“二弦”在全国是绝无仅有的，这对于研究这种乐器的起源和发展具有很高的学术研究价值。

平调角色行当齐全，表演中的念白以武安话为基础，有的甚至完全使用武安方言，风格淳正朴实，带有浓厚的乡土气息。

6. 大名大平调

大名县的大平调属板腔体梆戏，因其唱腔比“高调”（豫剧）低五度，所以称为平调；因其所用梆子特别大，所以叫大梆戏、大油梆；因其上演剧目多为朝纲大戏，演员阵容庞大，因此叫大平调。

大平调起源于明弘治年间（1488 ~ 1505 年）。大平调属亮戏、板凳戏的一种，由开州平调演变而成，与豫剧、老高调同根一源。大平调于清末自开封传入大名，初称老高调，由程庄老艺人朱梦坤改进并加入三弦伴奏，之后称大平调。

平调历史悠久，它的板腔体的唱腔风格独特，音乐曲牌雄厚，声激音扬，极富韵味。

7. “南宫碑体”书法艺术

南宫碑书法为李守诚等创作，这种书法艺术阴阳协调，书风具有儒家“贵和尚中”的思想，书法的刚与柔、圆与方调和平衡，圆而且方，方而复圆，刚柔相济，会于中和，给人以挹之而源不穷，咀之而味愈长的美感。笔法：南宫碑书法线条骨健而筋少，线条行进中整齐划一，南宫碑书法的线条雄强深厚，线条行进中富于变化，如顿挫行进、飞白穿插，使线条格外丰厚饱满，浮雕感很强。结体：南宫碑书法结体颀长，中宫内敛，南宫碑书法的结体，弧形拱出，凝重外张。整个结体浑厚端庄，体现了器宇轩昂、光明正大的庙堂气象。墨法：南宫碑的墨法乌黑，虽有涨墨，但几乎没有飞白和枯墨。南宫碑书法则墨法灵动，汲取了历史上的多种墨法，枯笔、飞白的运用，虚实相应，吐纳自然。行书：南宫碑书法在中堂、条屏等品式的创作中，缺乏流畅感，南宫碑书法一改南宫碑几乎字字独立，大小一致的布局，而是大小穿插，连带自然，从容舒缓。整个作品呼应超然，气韵流动，把南宫碑不擅长的品式，发展为蓬勃开阔、流水行云般的艺术样式。榜书：南宫碑榜书线条瘦硬，结体单薄，南宫碑书法榜书则线条浑厚，结体雍裕，形成了博大深厚的气势风格。

李守诚弟子众多，广泛弘扬和发展着南宫碑书法的书法艺术。李守诚、王乐同等先生的弟子也培养了大量弟子。南宫碑书法的价值在于它突破了南宫碑瘦劲内敛的笔法、结体态势和刚健硬朗的书风，给人以端庄雄伟，恢宏宽博的新的美学观念。南宫碑书法流派是邯郸最大的、占主导地位的书法流派，形成了邯郸独特靓丽的书法文化风景线，在国内外书坛具有广泛影响。

8. 崔府君出巡仪式及传说

崔府君是中国民间传说的神灵之一，他曾任唐代磁州滏阳县（今河北邯郸磁县）令，磁县是崔府君为官和死后所葬之地，也是为其立祠建庙最早的地方。这里的百姓对崔府君都有着一种特殊的恋念之情，对府君的祭祀也特别重视。一年之中，最隆重也最具民间特色的当数正月十五府君出城，这一祭祀活动传承已久、声势浩大、隆重非凡。

9. 成安泥塑

成安受中国传统文化影响极深，而信神礼神就是其中重要内容，因而这里每一个村落都有大大小小的庙宇，有了庙宇就有神像，于是以泥塑神像为具体表现形式的成安民间泥塑就产生了。

成安民间泥塑用料简易，禾、谷、草、胶泥、水泥、颜料、漆等都是易寻易买之物品；其用具铁锹、刀子等都是农家常用的东西，因而工作准备不复杂。

成安泥塑贴近民间文化与群众生活。民间文化中神话传说与家庭宗族都是很重要的内容，因而供玉皇、土地求平安、丰收，供观世音求多子多福顺理成章，这正是成安泥塑大显身手的地方。

成安泥塑影响了周围的许多县，它的艺术、历史、学术和经济价值都较明显，成安县政府正在努力改变它的濒危状态，使这项优秀的非物质文化遗产项目流传下来。

10. 曲周四股弦

四股弦又名四根弦、五腔调，是河北省地方稀有剧种之一。曲周县四股弦主要分布在白寨乡司寨村。

四股弦产生于清朝中期道光十八年（1838 年），起源于山东菏泽一带。据传，山东有一位民间艺人叫齐大牙，逃荒要饭到河北邢台一带，由于他会拉四股弦，被当地心地善良又热爱艺术的人收留。后来，他就收徒弟传授技艺，创办四股弦弟子班，使这种演出技艺逐渐传播开来，并形成特点，通过扩充内容，丰富形式，并借用周边各种剧种的优势，融合自身能力，把剧本展现出来。

邯郸作为国家历史文化名城，还有很多项目被列为国家级和省级非物质文化遗产，如鸡泽冀南梨花大鼓、成安烙画、广平水墨布画等，受篇幅所限，这里不再一一介绍。

三、邯郸固态文化展现

固态文化是在长期的历史沿袭承续中产生的固体的建筑物、景观、古迹等能够直观感受的文化资源，是一定历史的写照，也是一段历史的见证。邯郸固态文化遗存非常多，这里把重点的介绍一下。

（1）赵邯郸故城。又称赵邯郸故城遗址，是我国战国时期赵国国都邯郸古城遗址，位于邯郸市区西南郊，总面积约 1888 万平方米，是我国保存最为完好的唯一战国城址，第一批全国重点文物保护单位。

（2）赵王陵。又称三陵陵墓、温窑灵台，位于河北邯郸县与永年县西北交界处，紫山东麓的丘陵地带，距邯郸市区 20 公里，有 5 座较为集中的陵丘，是中国战国时期七雄之一赵国的帝王陵寝，称为赵王陵，属国家级重点文物保护单位，是河北省乃至中国历史最悠久的王陵，被誉为“东方的金字塔”。

（3）武灵丛台。又名丛台，是邯郸市的象征，河北省重点文物保护单位。相传始建于战国赵武灵王时期（公元前 325 ~ 前 299 年），是赵王检阅军队和观赏歌舞之地，它是赵都历史的见证，国家重点公园，中国百家名园之一。

（4）邺城遗址。邺城遗址位于河北省邯郸市临漳县（古时称邺）漳河北岸，全国重点文物保护单位。曹操在邺城居住达 16 年，邺城是当时北方的政治、经济、文化中心。

邺城遗址是东亚地区古代都城建设的样本，对中国后世长安、洛阳等古城建设乃至日本、韩国等东亚国家古都建设影响深远。

（5）铜雀台。铜雀台为“邺三台”之一，位于河北省邯郸市临漳邺城镇，全国重点文物保护单位。古邺城始建于春秋齐桓公时，三国时期，曹操击败袁绍后营建邺都，修建了铜雀、金虎、冰井三台，即史书中的“邺三台”，是建安文学的发祥地。三国两晋南北朝时期，邺城作为曹魏、后赵、冉魏、前燕、东魏、北齐六朝都城，居中国北方政治、经济、文化、军事中心长达四个世纪之久，创造了辉煌灿烂的历史文化，使临漳享有“三国故地、六朝古都”之美誉。

（6）邯郸道（串城街）。邯郸道俗称串城街或称文化一条街。位于邯郸市中心，是一条具有战汉风格的历史街区，全长 1760 米，是古赵文化遗址集中地，武灵阁、秦始皇诞生地纪念馆、荀子故里、蔺相如回车巷、蔺相如府、学步桥、慈禧行宫、张国彦宗庙、赵阙、骑兵雕像群等人文景观荟萃，是邯郸历史的重要载体。

（7）娲皇宫。娲皇宫位于河北省邯郸市涉县中皇山上，是神话传说中女娲“抟土造人、炼石补天”的地方，娲皇宫为全国重点文物保护单位，国家AAAAA级旅游景区，为国家级风景名胜区。娲皇宫是我国建筑规模最大、肇建时间最早的祀奉人类始祖女娲的古代建筑群，也是影响地域最广的奉祀女娲的历史文化遗存，被誉为“华夏祖庙”，为祭祖圣地之一。女娲祭典是国家非物质文化遗产。

娲皇宫始建于北齐时期，初为北齐文宣帝高洋所建离宫，如今建筑多为明清时期，而北齐遗迹仅留石窟与摩崖刻经（共6部），是中国现存摩崖刻经中最早、字数最多的一处。

（8）左权墓。左权是抗日战争时期牺牲的八路军最高将领。左权墓位于河北省邯郸市晋冀鲁豫烈士陵园，建于1950年，刻于汉白玉石碑正面的“左权将军之墓”是周恩来总理亲笔所题，其他面还有朱德总司令“吊左权将军”诗碑刻、“左权同志碑志”和贺龙词。墓的对面是左权将军纪念馆，现为河北省重点文物保护单位。

（9）大名府故城。位于河北省邯郸市大名县城东北，历经东晋十六国至明朝9个朝代，是历代郡、州、府、路、道治所在地。

大名府故城址东临古运河，是中国最具发掘价值的北宋都城，能够填补中国北宋都城考古的空白。2006年，被国务院公布为第六批全国重点文物保护单位。

（10）磁山文化遗址。又称磁山遗址，磁山意为指南针的故乡，位于河北省南部武安市磁山村东南洺河北岸台地上，是中国最初发现的一种新的新石器时代早期文化遗址，距今约10300年，磁山遗址出土的家鸡骨骸是已知中国发现的最早的家鸡骨骸，比原来认为的世界最早饲养家鸡的印度，要早3300多年。突破了新石器时代仰韶文化考古的年代，1988年被国务院公布为全国重点文物保护单位。

（11）一二九师司令部旧址。八路军一二九师司令部旧址位于河北邯郸涉县，由一二九师司令部旧址、将军岭和一二九师陈列馆三部分组成。

抗日战争时期，涉县是边区根据地的腹心地、首府县，地处华北抗战前哨，为华北抗战战略要地，八路军一二九师在刘伯承、邓小平等师首长率领下，临危受命、东渡黄河、挺进太行，运筹涉县赤岸村，浴血千里太行山，打响了抗日战争中长生口、神头岭、响堂铺和解放战争中上党、平汉等著名战斗、战役，曾有一百一十多个党、政、军、财、文等机关单位在涉县驻扎长达五年之久。这块红色土地上走出了邓小平和2位元帅、3位大将、18名上将、48名中将，先后有近百名一二九师老领导担任党和国家重要职务。2017年1月，国家发改委发布了《全国红色旅游经典景区名录》，八路军一二九师司令部旧址入选中国红色旅游经典景区名录。

（12）将军岭。将军岭位于司令部旧址西北角。1986年以后，刘伯承、黄镇、徐向前、李达、王新亭、袁子钦、赵子岳等七位将帅的灵骨陆续安放在山上，因此名为“将军岭”。1990年10月，邓小平亲笔为“将军岭”题写了岭名，为“刘伯承元帅纪念亭”题写了亭名。

（13）晋冀鲁豫烈士陵园。晋冀鲁豫烈士陵园位于晋冀鲁豫四省的交界城市——河北省邯郸市陵园路中段，是新中国成立后第一座大型烈士陵园，是我国建筑最早、规模最大、老一辈无产阶级革命家的题词和碑文最多的烈士陵园，国务院批准为第一批全国重点烈士纪念建筑物保护单位。

（14）中共晋冀鲁豫中央局和军区旧址。中共晋冀鲁豫中央局和军区旧址位于武安市冶陶镇，2006年被公布为全国重点文物保护单位。解放战争时期，中共晋冀鲁豫中央局、晋冀鲁豫军区和晋冀鲁豫边区政府部分机关曾驻此地。刘伯承、邓小平、董必武、薄一波、徐向前、王宏坤、藤代远、李达等老一辈革命家曾经在这里战斗和生活，著名的华北财经会议、大军挺进大别山南征会议、土地会议、整党整风会议在此召开。这里还是《人民日报》诞生地和《毛泽东选集》第一卷印刷地。2006年5月25日，此旧址被国务院核定公布为全国重点文物保护单位。

（15）弘济桥。弘济桥位于河北邯郸市永年县广府古城东东桥村，为石拱桥，横跨滏阳河上，当地人也称之为“东桥”“老东桥”。明万历年间重修，该桥结构与赵州桥相似，又称赵州桥的姊妹桥。

（16）朝阳沟。位于武安管陶乡朝阳沟村，是戏剧作家杨兰春的家乡，戏剧《朝阳沟》故事创作原型地。河北朝阳沟景区是国家AAAA级景区、国家地质森林公园、全国乡村游示范点、河北最美30景之一。

（17）兰陵王墓。兰陵王墓是北朝墓群之一，位于磁县城南。兰陵王为后人留下了一份宝贵的遗产——《兰陵王入阵曲》，兰陵王墓在河北磁县的消息披露后，每年都有众多日本游客前来拜祭。

（18）中华成语文化园。中华成语文化园是河北省与香港特别行政区《文汇报》合作建设的文化产业项目。邯郸是成语典故之都，为了彰显邯郸成语文化而建设的中华成语文化园，主要包括中华成语博物馆、邯郸古郡风情小镇、成语文化博览体验中心、成语主题群落式度假酒店、文化商业广场、大型主题乐园等。

（19）广府古城。也称永年城，位于永年县政府所在地临洺关偏南25公里处，现为河北省重点文物保护单位，有二千五百多年的历史。隋末农民起义领袖窦建德曾在此创建大夏国。现存城墙为明代时重修，城墙保存基本完整。遗存有完整的瓮城和城门，在全国保存如此完好的古城是不多见的。广府古城是历代兵家的必争之地。解放战争时期，广府城因为易守难攻，成为华北平原最后一座被解放的城镇。现在的广府古城经过重修与重建，周围被水道环绕，万亩洼地和一望无际的芦苇，再加上它是杨、武式太极拳的发祥地，成为集古城、水城、太极城于一体的名城。

（20）朝鲜义勇军纪念馆。朝鲜义勇军华北支队于1940年底来到太行山抗日根据地，创办了朝鲜青年联合会，开办朝鲜青年军政干校，开展抗战斗争。2004年建设的朝鲜义勇军纪念馆位于河北省邯郸市涉县，全面展示和介绍了朝鲜义勇军在太行山区抗战的历史，是国内第一座纪念朝鲜义勇军的展馆。

（21）黄粱梦吕仙祠。黄粱梦吕仙祠位于河北省邯郸市北，始建于北宋初期，依唐代沈既济传奇《枕中记》而建，是国内唯一以梦文化为主题的景区，是华北地区影响较大的千年古观，是河北省著名文物古迹和旅游胜地、国家重点文物保护单位。

（22）邯郸黄河故道。古代黄河，经现在的河北省邯郸市大名县、曲周县、峰峰矿区等地在今河北省沧州市黄骅港流入渤海（3000年前在河北宁河入海，西汉在黄骅入海，北宋在天津南入海）。南宋建炎二年，黄河大改道夺淮入海，由此在邯郸境内流淌了数千年的黄河移出邯郸境内，遗存下黄河故道。

（23）《人民日报》社旧址。即为邯郸旧址或《人民日报》创刊地。1946年5月15日《人民日报》在邯郸创刊，旧址在今武安南文章村。1946年初春，晋冀鲁豫边区政府等党政机关进驻河北省邯郸市，中共晋冀鲁豫中央局决定筹建机关报（即后来的《人民日报》）。《人民日报》报社设在河北省邯郸市火磨街东口的一幢小楼内。《人民日报》社和新华社晋冀鲁豫总分社共同办公，楼房的外墙上有“人民日报馆”“新华通讯社”字样。

（24）大运河邯郸段。大运河邯郸段是中国古代运河的肇始地之一，先后流经邯郸东南部的魏县、大名县、馆陶等地。肇始于东汉末期、形成于隋朝、繁荣于唐宋、延续至今的邯郸运河文化，以其跨越时空之长、流经地域之广、遗存之丰富，在中国大运河文化体系中占有一席之地。邯郸是中国大运河沿线申遗联盟城市之一，经考古调查统计，大运河邯郸遗存丰富，全长 141.8 公里，流域面积 701.5 平方公里，是中国大运河中段重要流域。

邯郸市是大运河申报世界遗产 33 个联盟城市之一，大运河邯郸段与大名府故城进入申报名单。

(25) 蔺相如墓。蔺相如墓位于磁县城西北 15 公里处的南城乡羌村。蔺相如墓，位于河北省邯郸市磁县城北 40 华里的南城乡羌村。原有古庙三楹，庙有塑像，蔺相如墓在其庙后。后历经战乱，1997 年 3 月重修，2000 年 8 月完工。墓占地 20 余亩，墓前有石碑一座，大殿三间，殿内塑有蔺相如像，墙壁绘有完璧归赵、秦王击缶、负荆请罪、小巷回车等壁画。

蔺相如在邯郸周围留下了丰富的历史遗存。如：串城街的"蔺相如回车巷"；邯郸县西南 6 公里处蔺家河村的"蔺相如故宅"；邯郸西南 16 公里处的"蔺相如墓"；丛台湖水北岸的蔺相如祭祀重地"七贤祠"；蔺相如后裔明以后的北方祖源地磁县北贾壁乡、北贾璧村等。这些成为后人缅怀先贤、启迪心灵的珍贵古迹。

《广平府志》《邯郸县志》、民间传说及 1995 年由大名人士张建华先生主编的《邯郸辞典》均有文字记述。

四、邯郸文化的特点

综观邯郸文化，可以归纳为以下几个方面的特点：

(1) 具有悠久而深远的历史情结。邯郸历史悠久，文化积淀丰厚，作为赵国的都城，孕育壮大了赵文化，其文化脉系不仅繁多，而且内涵深厚广泛，其影响不论纵向还是横向都是最为深刻而巨大的。邯郸的名字是专有的，仅用于地名，且 3000 多年未改变，这在中国的历史上也是绝无仅有、独树一帜的。在漫长的历史长河中，在世态动乱、民不聊生、饿殍遍野的穷困时期，人们虽然无法摆脱生活的困境，但邯郸人对文化的传承，对于文化的热爱与执着，使得其在创造物质生活的同时，处处洋溢着对文化的热情，面对历史的现状，面对社会的真实，在精神的层面和文化领域开发了一片属于人性的空间，表达着对社会、对人生、对未来的期盼与追求，并得以传承、留存后人。这种地域风格中的创造精神以及深厚的底蕴和对生活、社会、理想的追求，是创造力、吸引力、感染力和无穷魅力的源泉。在历史演进中，人的所思、所想、所盼、所信，作为精神的表达和文化的驱力都凝练成故事和诗句，每一诗、一文、甚至一字、一事都凝结着历史的情愫，对历史的尊重，也是历史的写照和历史的灵感。

（2）显性与隐性的结合。邯郸文化脉系既表明在不同时期的文化向度，也是生活在同一地区人们的一种内在品质的体现。显现出来，落然纸上的文字是可观的；讲出来，形成城域，是记录的，是能够传承的物态化的精神，感染和影响着后代人。从另一个层面上说，文化本身就是一个显性与隐性的结合，所隐是一种固化的精神，是灵魂，是自觉不自觉遵守的规范和行为准则，是精神的约束，是可以外化为行为的选择与实施，并影响和引领着一代又一代人的思维和气质。

（3）继承与创新相融通。邯郸文化脉系既多又长远，影响范围广。邯郸是一个开放的地方，胡服骑射表明了在战国时期就已经懂得向外族学习、对外开放的本质。文化本来就不是封闭的，而是开放的，是自古代传播中与现实的结合与凝结，在滚滚历史潮流中，旧的思想被改造，新的思想被接纳，推陈出新，创新发展，赋予了邯郸文化脉系新的最强的生命力。

（4）在文化自觉中展现精神。邯郸文化脉系的产生与发展，是历史与现实碰撞融合的结晶，形成了特定的文化内涵和历史故事，传播广泛、影响深远，这与邯郸人爱好文化、勇担历史使命，既传授知识，又弘扬文化，引领思想的积极行为紧密相联。邯郸人以关心民众、创造美好生活为己任，为开天地呐喊，为创人类呼号和实践，为美好社会献智。这一切，都体现了邯郸文化强烈的历史责任感、民族正义与民族情结、和谐的社会观和积极进取精神。

第三节　邯郸故事抒写城市魅力

邯郸故事是邯郸人民和邯郸爱好文化的人们在劳动生活中形成的，是邯郸历史与现实的写照，饱含着邯郸人民的精神境界与文化内涵，这些故事记叙了历史人物的立身行事准则与助人为乐行为，记叙了重大历史事件发生的过程及对当地的影响，记叙习俗的由来与演化，记叙民众的情感趋向，记叙问题处理的一般特质。这些记叙更重要的是对现实的启迪与鞭策，使现代的邯郸人以史为鉴，打造达观明礼和谐的新邯郸。

一、历史故事的传播与继承

(1) 女娲补天的故事。女娲补天是一个美丽的神话传说，其历时久远。在邯郸不仅有女娲的神话传说，还有相应的载体——娲皇宫，娲皇宫是宣传女娲、讲女娲故事并获得女娲祭典非物质文化遗产最早的地方。女娲作为中华民族的始祖神，受到全国各族人民的尊崇，她的故事家喻户晓、广为传颂。涉县的娲皇宫俗称“奶奶庙”，女娲对人类的贡献主要有抟土造人、炼石补天、兄妹成婚、制作笙簧、规置婚媒、占地移山等。这些生动的神话故事，描绘了女娲的重大历史功绩：这位上古时期的杰出的部落首领，抟土造人，创造了人类，使人类依存社会，是万物之灵的主宰；炼石补天，拯救了人类，战胜了自然，让人类得以生存；兄妹成婚，繁衍了人类，使人类永续发展，生生不息，社会才能得以前行；规制了婚姻制度，教化了人类，建章立制，有章可循，规范了人类最基本的本性——两性生活，这就使得人类更加文明，减少了罪恶；制作笙簧，娱乐了人类生活，使人类不仅要生存，而且要生活，注重了生活质量，从而使人的生活从根本上区别于一般动物，突出了人生活的特质。女娲这种战天斗地、勇往直前、不屈不挠、仁慈博爱、乐生好施、开创文明、推进历史进程的始祖形象和精神鼓舞和激励着一代又一代中华儿女不断前行。

(2) 胡服骑射的故事。胡服骑射的故事出自《资治通鉴》，描写的是赵武灵王，字面的意思是穿上胡人的服装，骑马射箭。当年，赵武灵王向北进攻中山国，由于赵国的服装不利于与胡人交战，于是，赵武灵王与国相肥义商议学着胡人穿短衣，并学骑马与射箭。当时国人都不愿穿胡服，并认为君王不管不顾，仿效外族的服装是擅改古代习惯、违背人心的举动。赵武灵王用事实证明了其决策的正确性，正式下达改穿胡服的法令，提倡学习骑马射箭。赵武灵王为了国家的强大进行的改革，表现出他在当时背景下注重实际、勇于改革的气概。这个故事，不仅体现了古代各民族之间的碰撞、交流与融合，也展示了思想文化方面的改革和进步。赵武灵王勇于变革的精神和善于变革的智慧，同样是当代社会所提倡的。

(3) 毛遂自荐的故事。本故事记载于《史记·卷七六．平原君虞卿列传·平原君》，描述了战国时秦国出兵攻打赵国，包围了赵都邯郸，情况十分危急，于是赵王派平原君前往楚国，请求援救。平原君打算在自己的门下食客中挑选 20 个文武人才一同前往，但挑来挑去，就只有 19 个觉得可以随其前往。这时，有一个名叫毛遂的人主动向平原君自我推荐，请求加入前往楚国的行列。平原君被毛遂说服后就前往楚国了。毛遂在楚国表现积极，与楚王据理力争，极力说明赵、楚联合抗秦的利害关系，使得楚王终于答应赵国，愿意出兵援救。于是两国当场歃血为盟，誓守联合抗秦的盟约。毛遂这次不仅帮平原君完成任务，也为国家立下了功劳。这个故事被浓缩成“毛遂自荐”这个成语，比喻自告奋勇、自我推荐。

（4）回车巷与负荆请罪的故事。河北省邯郸市有一处历史文物叫回车巷，位于丛台区邯郸道南段，这是一个非常短小的巷子，是蔺相如回避廉颇的窄巷。这个巷子和一个成语——负荆请罪紧密联系在一起。

据《史记·廉颇蔺相如列传》中记载，渑池会结束，赵国的蔺相如因“完璧归赵”有功，被封为上卿，位在廉颇之上。廉颇听后暴怒，认为自己是赵国将军，有攻城野战的大功，而蔺相如只不过靠能说会道立了点功，可是他的地位却在自己之上，非常不服，并且扬言，如果遇见蔺相如，不论什么场合一定要羞辱他。

蔺相如听到此话后，一直不与之相遇，每到上朝时，常常推说有病，不愿和廉颇争位次的先后。有一次外出，正好在邯郸城回车巷遇上廉颇，蔺相如立即掉转车子回避。蔺相如的门客纷纷表示不平，并煽动蔺相如与廉颇争斗。蔺相如动之以情、晓之以理，从国家的大局和利益出发，谈到强大的秦国之所以不敢攻打赵国，就是因为有蔺相如和廉将军两人的存在，一文一武，相互补充，如果两虎相斗，势必不能共存。为了把国家的急难摆在前面，蔺相如从不计较廉颇对他的态度。蔺相如的想法被廉颇知道后，他觉得自己为了自身的利益和位次不顾国家的利益和前途，实在是羞愧万分。于是，他脱下战袍，背上荆条，到蔺相如府门上请罪，这就是负荆请罪的由来。从此以后，他们俩成了好朋友，同心协力保卫赵国。赵国将相和睦，国势大振。

二、革命故事的感召与引领

“九千将士进涉县，三十万大军出太行”，这是邯郸革命文化的深刻总结与描述，可见当时革命故事、革命精神、革命气势、革命文化的引领力多么强大。抗日战争时期，八路军奉命进驻太行山，师长刘伯承、政委邓小平率领一二九师在涉县战斗生活达 6 年之久，他们住在涉县赤岸村（现在有一二九师司令部旧址和展馆），在那座简陋的民宅中指挥了大小战役 31000 多次，收复县城 198 座，一二九师从挺进太行时的不足万人，发展到抗战胜利时有正规部队和地方部队近30万人，民兵40万人，共歼灭敌伪军42万余人，创建了控制80余座城市、拥有2400万人口的抗日根据地，为抗战胜利作出了卓越贡献，并与太行人民结下了血肉深情。

修建“漳南大渠”。1942年，一二九师司令部驻地附近发生旱灾，极大地影响了耕种与秋收，当地群众的日常生活饮水也成了难题。邓小平和刘伯承经过观察、讨论，想尽办法，筹集资金，寻求技术支持，与民工一起抬石头、垒石堰，开山修渠，把清漳河水引上山来。当地老百姓称该渠为“救命渠”“幸福渠”。

开荒种地。1943年是抗日战争最艰难的日子。时年，太行山遭受了罕见的旱灾和蝗灾，日本侵略者对抗日根据地疯狂扫荡、“经济封锁”，抗战军民饥饿难耐，用糠皮、树皮、槐树叶等充饥，有人甚至挖白土当食物。邓小平一边号召部队带头节约，一边带头开荒种地，生产自救。邓小平和刘伯承甩开膀子，挥锹掘土，大家也跟着热火朝天地劳动。在师首长的带动下，大家把乱石滩垫成了5亩可以水浇的良田。如今，这片良田成了村里的果园，每当村民们摘下那丰收的果实时，都禁不住回忆起邓小平、刘伯承当年在这里开荒的情景。

第四节　河北邯郸城市内活力共振点

邯郸的民俗风情受到历史与现实的影响，在振奋市民精神、激发城市活力中起到了巨大的推动作用和效果。

一、邯郸城市故事内化与延展

（1）邯郸成语典故文化激励。邯郸成语典故文化不仅是历史的积淀与凝结，更是邯郸辉煌的写照。这些邯郸成语典故给邯郸人民留下了1500条以上的历史承载和感人故事，记录着一段段形象逼真的历史影像，既是历史的记录，也是邯郸人文思想的结晶。这些有理论、有实践的文化创举，兴盛于一土一地，形成的特定气候，是富贵的精神财富，记录的不只是历史的事件，更是思想在历史更替中的反思，这就是邯郸人善于在时代的变迁中思索，在思索中前行的领悟。邯郸成语典故的留存，大都是时代的音符，成语典故与世变想因，既是政治的写照、经济的引领、社会的氛围凝聚，又是时代的反映，更是社会的思考。现代的邯郸人在改革开放的大潮中，在实现中国梦的伟大进程中，习以养成的思考、奋进与变革仍然是当今城市建设与发展的动力之源。

成语典故涉及人物的感召与启迪，也是历史留给邯郸的富贵财富，成语典故都是经过了凝思的产物，都是人与事艺术精练的全面总结，也是学习历史、追忆古人，甚至修炼写作与文风、提升语言表达与效果的重要参考和支柱，激发了现代邯郸人的创作潜能，使得邯郸成为成语典故之都，至今仍然传诵着成语典故中的故事与人物，迸发出创作的思维源泉。同时，邯郸成语中所涉及的人物，有的成为著名人物，有的成为勇敢的代名词，有的展现爱，有的抒发情，有的成为教训的代表，其都有特定的历史和故事，这些故事抒写了人性的光辉和人道的力量，以及重大的历史责任，是担当、是深思、是收获，是社会发展的助力，这些人物的故事不断被改编成各种各样的作品，呈现在广大市民的面前，成为市民修身养性、砥砺前行的参照。

邯郸成语典故带来思想意识的觉醒与善思，使有形与无形相互映照，为邯郸人的思想文化风气奠定了坚实的基础，并带来了文化的繁荣与对文化的热爱与传承。这里不仅有文的创作，而且有学术的研讨与研究，这种精神培育了邯郸人勤学善思的良好习惯，文化的拓展，可以拓宽思路，可以凝聚精神，可以形成积极向上的力量。

（2）历史故事的追忆与沉淀。一个个历史故事就是一段段鲜活的历史，历史给人最大的昭示，就是社会规律的重复性不是让人重复地再走历史的路，而是在反思中扬弃，扬弃中选择，选择中进步。上千个成语典故展现的历史故事，从不同的侧面和角度对邯郸人的启迪与启发都会形成自我约束的力量，在做人、做事等多个方面见贤思齐，激发社会正能量。

历史故事源于记录与讲述。由于历史的久远和文化记录的制约，不能很好地将活态的文化记录与演绎出来，很多地方的文化传承已经断档，甚至绝迹。而邯郸重视文化的传播与内化，把成语典故编撰成固态文化展示，并开展成语大会，撰写相关书籍，以使后人能够从中汲取精华，把邯郸的特质传承推广。家喻户晓的历史故事就是经过人们口口相传沿袭下来的，经过近几年的整理与发掘，不断补充完善，形成本地特色，人们在使用中了解邯郸，传播邯郸的美好，彰显邯郸特质，成为一种文化自觉的力量。

故事世代相传，并向外传播、代际传播、地际传播，故事流传面扩大，邯郸的知名度也得以扩大，这些故事不仅生动有趣，而且能引发人们的思考，在对故事的追忆中了解人物、了解历史，在沉淀、反思中升华自身，所以，就有了文化影响下的文明邯郸人。

(3) 邯郸风情的现代演绎。邯郸风情的历史不会停留，而是不断向前，在向前中取其精华、弃其糟粕，良性的事物会带来新鲜感觉，会聚力凝神，彰显向上的力量，在现代城市建设与发展中，会呈现积极性和创造性。

邯郸风情与现代的有机结合。邯郸的历史已成为过去，但留下的美好与邯郸有着密切的联系和重要的挖掘价值，只有将邯郸历史故事与现代需求有机结合起来，共同打造新环境下的新邯郸，才能在现代社会发展中，发挥历史文化的作用，激励越来越多的邯郸人奋进前行。

邯郸风情在现代演绎中提高。邯郸历史故事与历史相联系，历史中有过辉煌，但毕竟是几千年前的发展状况，与现代社会的要求相距甚远，传承的有文化作品本身，更重要的是理念和精神，由于时过境迁，过去适用并起重大作用的理念在今天不能完全照搬，要与现代需要紧密结合，通过凝练、修正与改造，与现代结合发挥效能，提高升华文化的魅力。

二、文化展现多姿而繁华的广张力

邯郸人受到来自历史与现实的感召与影响，其文化表现形式是多种多样的，从表现形式上来看，有文学、戏剧、摄影、书法、美术、雕刻等；从群众文化机构来看，有民间文艺展演、文艺辅导培训、业余文化演出、散文化自组组织等；还有图书、文物、文化市场等，不一而足。

邯郸本来就是一个文化的沃土，在这种磁场效应的磁化下，休养生息的人们迷恋着自己的文化，打造出多姿多彩的文化娱乐方式，使情操得以陶冶，精神得以振奋，心情得以愉悦。邯郸培育出很多文化名人，这些人基于邯郸这片沃土的文化作品，与邯郸机体相依，精神相慰，增添了当地居民对文化作品的特殊情感，对凝聚人心起到了重要的聚合作用。

文化表现形式的多样性，适应了不同的群体，使受众的范围得以扩张，通过不同层次的文化方式传播，形成梯级受众群，因势利导加强德性修养和灵魂的净化，适应了不同爱好居民的不同需求，使邯郸的文化更好地接近生活、接近民众，为大众服务。

传播文化的热情造就了文化的繁荣。由于邯郸文化的形式与内容都是来源本地，自小受到本地文化的熏陶，潜移默化地接受着这种文化，因此对于这种文化的情感也会与日俱增，由此，在不断的接受与内化中，对文化的传播也成为一种自觉的力量，在日常生活、外出打工、旅行等不同的生活环境下，每一个行动、每一句语言，都表现着来自邯郸文化的影子，都展现出邯郸人的特质，在自觉与不自觉中，把邯郸文化传播开来，并吸纳其他文化的精华，共同促进了邯郸文化进一步繁荣。

文化的繁荣拟就文化的广泛影响和强大张力。文化的精华就是价值观，价值观是对人直接影响的重要观念。邯郸各种文化组织很多，在同一个主题下发挥着践行社会主义核心价值观的重要职责，群众性的组织机构更能够从基层采用最接地气的方式，赢得市民的接受度，增强内化力。不同观念下形成的不同行为方式，为现实的拓展空间开辟了通道，这种巨大的张力，只有文化的久深凝练才能够展现出来。

三、城市戏曲积极而奋进的融合力

邯郸戏曲文化也是邯郸文化的特色之一，戏曲以故事为主脉络，讲述为人、处事、为民、为政之道。邯郸传统名剧都有一定的教育意义，有教育人行善积德的、有清正廉明的、有创新奋进的、有互助友爱的，总之，对人的价值观的启迪作用非常突出，这种振奋精神的剧种时常的上演与传唱，融入人的日常生活之中，成为人的行为约束力，融合成市民积极向上的精神风貌。

四、城市内涵融合而生的震撼力

文化的价值源于对人的启迪，使人的行为在价值观的约束下从自发走向自觉。邯郸文化多样化与戏曲的振奋力，使得邯郸形成了特定的文化氛围，群众文化团体与自觉文化内化已蔚然成风。邯郸文化有市文化馆、乡镇文化站、文化小镇、文化宫、青少年宫、基层文化室、老年大学、老年文化活动站等文化活动场所；有文化专业户、从邯郸走出的文化名人等；有民间文化展演、文化辅导与培训、文化调演、文化广场等传播文化的形式。这些先进文化的氛围，时时在市民身边，酝酿成一个文化沃土和文化摇篮，形成强大的震撼力。

第五节　邯郸城市新时代活力

邯郸积极的文化氤氲影响着一代又一代人，塑造着一代又一代人的灵魂，在现代社会发展的进程中，发挥着重塑形象与开拓前行的推动作用。

（1）城市建设的文化力。邯郸作为国家历史文化名城，其在城市建设中，进一步彰显文化力量。邯郸以原城中街为主，打造文化一条街，展现邯郸文化。以十大文化脉系为引领，在不同的文化地展现各自文化特点，不仅在固态文化的凝练上下功夫，更在文化的内涵与挖掘上做深做大做强。邯郸文化大剧院的落成，作为邯郸地标性建筑，成为邯郸文化内涵的重要标志，其外形壮观、内在实用，突显了新时代的新风尚，给人一种积极向上的力量和文化感召。邯郸以成语典故为源泉，建设成语典故园，留存全国成语大会现场、成语典故路标等，展现了邯郸成语典故的魅力。

各地以各自文化为基础，展示特色。如娲皇宫的故事开拓，女娲祭典的展示，都成为涉县文化特色，除此之外，涉县的各种文化习俗表演也给人带来全新的展示和享受，对传统文化的保护与挖掘成为其重大文化来源。还有文化小镇建设、非物质文化遗产的展示、粮画小镇等，县区乡镇都把文化建设纳入城市建设的重要组成部分。

（2）中国成语大会展播。邯郸作为成语典故之都，承载了中央电视台的《中国成语大会》。《中国成语大会》由中央广播电视总台和国家语言文字工作委员会联合主办，是一档影响力巨大的大型电视文化节目，被列为央视 2014 年度重点节目，其在保留相似竞赛形式的基础上，融入了更多独特多元的创新构思，并邀请文化名人担任评判嘉宾，细致展现了中国成语独有的语境之美，使人得到文化鉴赏和提升。

成语承载的人文内涵非常丰富和厚重，大量成语出自传统经典著作，表达着人伦善恶、境界高下的中国价值观，堪称中华文化的“活化石”，是值得大力推广的中华民族宝贵的文化遗产。

（3）邯郸市理论宣讲特色鲜明，成效显著。邯郸市特别重视理论宣传宣讲工作，把宣讲作为理论宣传的重要手段和途径，及时传达党的主张，推动了当代马克思主义大众化、普及化。从宣讲团成员看，市委宣传部精心挑选宣讲能力强、有宣讲经验的高职称、高学历的人员组成宣讲团，同时结合各地实际，优选有实际宣讲经验、与群众打成一片的地方干部进行宣讲活动。当前，有市级宣讲员近 50 名，县级宣讲员 100 多名，乡镇理论宣讲员达 400 多名。从宣讲形式看，除了普通的我讲你听的形式外，还开辟了网络宣讲和帮帮团，结合群众的不同需求，找寻不同的宣讲人员，不仅在政治理论上讲清讲深讲透，还在农业需求、技术服务、文化娱乐等多方面进行专题宣讲，不仅使受众提高理论学习兴趣，还在专业技能上得到帮助和提高。现在，全市都增强了理论学习的自觉性，各地纷纷建起了“农民夜校”“每周一课”“网络学习课堂”“学员论坛”等多种学习方式，同时通过QQ、微信等平台进行交流，大大提升理论水平。

（4）以文化为价值追求的城市内活力激发。邯郸在2017年被中央文明办评为第五届全国文明城市，这是新的起点，为邯郸未来的发展注入了新的活力。夺取全国文明城市这块“金字招牌”是每一个邯郸人多年的梦想，是推动城市全面发展的重要载体，也是邯郸人民多年的不懈追求。

为了实现这一追求，市委、市政府痛下决心，围绕创建全国文明城市全方位布局，用绣花式工作方式，压实责任；党员干部冲锋在前，敢打硬仗、敢啃硬骨头；群众积极参与，热情高涨；经过长达18年努力，终于实现了城市建设的新突破。

邯郸的城市面貌发生了翻天覆地的变化，今日的邯郸城市整洁亮丽，交通便捷，文明之风随处可见，文化魅力更加突显。文明城市的创建没有终点，只有起点，没有终结的完成，只有永远在路上的行进，文明是一个无止境的发展前景。获得全国文明城市的名号不是创建的休止符，而是全新的起始点。全市各界在党的十九大精神鼓舞下，以习近平新时代中国特色社会主义思想为统领，统筹推进“五位一体”总体布局，协调推进“四个全面”战略布局，全面落实习近平总书记的重要讲话精神，坚持新发展理念，着眼创建为民、创建惠民，立足全面创建、全程创建、全域创建，以永不懈怠的精神状态和一往无前的奋斗力量，推动文明城市建设向更高层次、更高水平迈进，着力打造新时代富强邯郸、美丽邯郸。

第五章 河北邯郸城市外活力展示与塑造

城市外活力是构建城市发展的环境要素，是城市形象的外在展示，是一个城市区别于另一城市的外显标志。城市外活力高，在城市群建设中起到核心作用，具有较强的对外吸引力和辐射力，对外依存度低，能够促进和带动城市发展得更快。

第一节 城市外活力及其表现

一、城市外活力与现代社会

城市活力由城市内活力和外活力组成，城市内活力是源自城市内部的活力，是城市内在品质的彰显；城市外活力是城市在城市外在表现、对外联系、对外辐射、对外影响力等方面的展现。城市外活力主要包括城市的外在影响、城市交通、城市知名度、城市吸引力、城市对外吸纳性、城市对外经济等多个要素。

现代社会是一个开放的社会，科学技术作为第一生产力，带动整个社会的发展，经济、政治、文化、社会、物质生活、精神生活的变革和人的全面发展，都与科学技术的进步与发展有着密切的关系。工业化是现代化社会的基本标志，也是同传统社会的主要区别。社会现代化的发展，使得社会基础更加广泛，更多社会成员参与意识增强，政治民主化和普遍参与度普遍提高。社会现代化，使得各种社会活动日益复杂，相互之间的联系日益紧密，分工越来越细，社会的每一个结构要素承担着越来越专门化的功能。在现代化过程中，与经济、政治等变革相适应，整个社会直接影响到社会成员的认知变化，带来价值观念和生活方式的多元化。现代化社会发展，还会带来城市化现象，人类居住方式的变化也是人类进步的标识，是社会经济、社会关系、生活方式迈向现代化的综合反映。

一个城市的发展往往经历了一个漫长而又曲折的过程，在这个过程中，会有思想的冲突与认识的转变，也有生活方式和生产方式带来的对现实的思考，人类因需要而聚居生活，有了丰富多样的生产产品和获得产品的途径。对于一个城市而言，要发展扩大其规模，就会不断增大城市的面积，然而，城市承载的有限性和土地的有限性，使得城市区域及人口要相互协调与适应，土地资源的有限性，使得城区面积也不可能无止境扩张，向内发展往往受制于多种因素，因此，向外延展便成为很多城市发展的共识。

我国在19世纪中叶以后，经过洋务运动、戊戌变法、辛亥革命和五四运动，才开始踏上社会现代化的进程。1949年，中华人民共和国的建立，是中国现代化发展史上的里程碑，标志着中国现代化进程的一个新的历史阶段。

中国是社会主义国家，是人口众多、幅员辽阔的大国。人口占世界总人口的1/5左右，是世界上人口最多的国家。在中国的不同地区，社会生活各个方面的发展很不平衡。作为文明古国，中华民族的历史文化传统深深地扎根于民族的行为、心理和观念之中，中国的现代化必然是具有中国特色的社会主义现代化。它既要吸取西方发达国家和其他发展中国家社会现代化的成功经验，又必须从本国的基本国情出发，它是经济、政治、科学文化、观念和生活的全面发展，具体表现为现代化的社会主义物质文明、社会主义精神文明和高度社会主义民主的协调发展。在一个相当长的时间里，中国的社会主义现代化进程是同全面的体制改革联系在一起的，改革就是中国现代化的必由之路。中国社会发展到今天，人口的众多与政治经济发展的不平衡仍然存在和突出，但总体上已经融入了现代工业、现代农业、现代科学技术甚至高科技等成分，带动了中国的现代化进程，经济上也跃居世界第二位，这种情况下，城市的外显力明显增强，城市对外对接与联系的要求日益提高，城市外活力不仅成为现代社会发展的需要，更成为现代城市的一个标志。

二、城市外活力影响因子

城市外活力即城市的对外影响、对外辐射、对外带动、对外吸引等活力。一般表现为城市对外交通、城市群的中心城市、区域影响力、对外张力、吸引外力等。

（1）城市的外支撑力。城市外支撑力源自城市的内力，城市自身的本能、影响、辐射、支持、带动等五个方面构成了对外的支撑，表现为城市的外形象，其中，在其宣传途径上也会有一定的效用。如何给城市魅力注入持久支撑力？这是城市建设中一个值得深入思考的问题，也是每个城市都在思考的问题，是城市自身可持续发展的根本所在。

城市的魅力不是舞台上的一时吸睛，也不是生活中一事展现，不是外在的短暂热闹，而是来自城市文明、精神品格的长期积淀，是城市长久发展的根本根基和动能所在，体现在城市生活的每一个细胞、每一个角落、每一个事件、每一次过程之中，未来仍然需要我们一步一个脚印，付出长期艰苦的努力，塑造城市的“魅力名片”。传承历史文化、发展特色产业、保护良好生态是未来魅力城市展现出来的整体气质。应认清自身的优势，保持自身的特色，因地制宜走出适合自身发展的路径，在历史传承和发展接续中实现各美其美，美美与共。

城市品牌是城市综合实力的展现，不仅仅是美食、美景，也不仅仅是历史、人文，更在于城市秉持的发展理念和从内而外散发的城市精神。没有浓郁的城市精神，没有城市精神的凝结与团聚，也就没有了城市的灵魂，城市就缺乏向心力和凝聚力；没有清晰的城市规划和城市发展思路，就没有未来城市的新魅力、新体现，就失去了城市长久发展的推动力；没有以人为本的发展理念，就没有人与城的和谐关系和人与城的情感依存，也就失去了城市的人性与灵气，更谈不上城市品牌的影响力和持久性。

城市伴随着人类社会的进步而产生和发展，是人类走向成熟和文明的标志。亚里士多德说：“人们来到城市是为了生活，人们居住在城市是为了生活得更好。”以新发展理念为指引，把人民对美好生活的向往融入城市规划、建设、管理的各个环节，不断提升城市的硬实力和软实力，才能为城市魅力注入强劲持久的支撑力。

（2）城市的张力。张力一词在物理学中是指物体受到拉力作用时，存在于其内部而垂直于相邻部分接触面上的相互牵引力。在文学上是指所写文章有紧有松、有疏有密、跌宕起伏，有张有弛节奏感好的文章，读起来令人赏心悦目。所谓城市的张力，即是城市的建设与发展要有舍有得、有扩有缩、有显有隐，能够彰显出城市的魅力与特色，通过魅力与特色吸引各方要素相互配合与融通。在城市张力的显现中，城市的地域、城市的内驱力、城市的文化底蕴、城市的经济社会发展、城市的未来发展趋势和能力、城市的潜力挖掘、城市的精神彰显等多个要素，都会在城市张力中起作用。当前城镇现代化的核心是人的现代化，人类历史上规模最大的社会变迁与地理变迁，将对中国经济、社会的全面发展有不可估量的影响，直接或间接导致城市可持续发展问题、农民流动问题、土地合理利用问题、城市拥挤问题、区域整合问题、地区差异加剧问题、城市人行为失范问题、城市贫困问题、社会阶层变迁问题、社会公平问题、房地产问题、历史文化名城保护等社会问题也随之出现，呈现出由小到大、由隐性到显性、由局部到区域的发展态势，要打造富有张力、充满活力、独具魅力的人文城市是未来城市发展的根本所在。

三、城市对外影响力和吸引力

文明与文化是城市外影响力和吸引力的核心。城市的文明一方面寄托于制度的制约，另一方面则是人文精神即文化的展现，文化提升的本质在于人的现代化问题，这也是现代城镇现代化的核心所在。人的现代化是一个长期且艰巨的任务和过程，思想意识形态的塑造是最艰难的事情。在新时代新思想的引领、新完备制度的约束下，国家治理体系将更加完备，治理能力不断提高，城市的文明必将迅速成熟并发挥效用。城市的吸引力来自于很多方面，经济发达、物产丰富、环境优美等物态表现因素，都是吸引人们向往这个城市的原因，但当这些因素在各个城市都具备而且相差无几的情况下，城市人举止的文明、治理方式的现代化、以人民至上的理念溢满城市的时候，城市的吸引力才更加强烈。文明是推动人类发展的核心动力，也是产生强烈吸引力和向心力的内在因素。古代有季布一诺胜得千金的说法，人们纷纷以能够与季布交往为荣，人们之所以把与季布交往作为荣耀的事情，不是季布的颜值，而是季布的一诺，一诺变得如此重要，就是因为社会中缺乏一诺，季布的吸引力，就是因为他讲率先一诺，让社会有了信任，这种重诺守信的道德文明就产生了强烈的吸引力。古往今来，中国涌现出无数的英杰，而能被人记住的那些人，并不是其天赋异禀，也并不全是功成名就，让他们流芳千古的正是他们身上道德文明的力量，精忠报国的岳飞、宁死不屈的文天祥等，是中华文明的代表，也是让我们至今怀念的楷模和榜样。人是这样，城市也同样如此。城市要发展，就必须具有吸引力和影响力，而能够产生吸引力和影响力的关键就是文明。文明城市是一块金字招牌，文明是城市最核心的吸引力和影响力，文明让城市焕发出更加璀璨的光芒，吸引更多的人、影响更多人，让我们的城市越来越美丽，越来越富有吸引力和影响力。

第二节　河北邯郸城市外活力展示

一、邯郸对外交通

邯郸位于京广铁路的中段，中国版图的中原位置，华北平原上，地理位置和区域位势都比较好，交通比较发达，对外承接力较强。从市内交通来看，邯郸市有长途班线、城乡公交和旅游客运，可以通达市内各个地方以及周边县区，有道路客运驾驶从业人员2万余名，全市所有行政村全部通客车，主城区公交车及运营线路发达，出租车在市内穿梭。

2007年邯郸市被交通部列入全国公路运输枢纽城市。邯郸市已形成“三纵两横一环”高速公路主骨架和“五纵五横”的干线公路大纽带，高速公路、国省干线、地方道路实现三网并联，无缝衔接。邯郸与黄骅港、京唐港、天津港等沿海港口均有高速公路相连，主城区到各县均有高速公路直达，实现县县通高速，形成了以主城区为中心的1小时交通经济圈。

邯郸京港澳高速、青兰高速、邯大高速、大广高速、邯港高速、邯郸绕城高速等纵横交错；106国道、107国道、309国道形成双十字交叉，道道通达。邯临公路、邯大公路、邯邢公路等省级公路交汇于市区，形成五纵五横的公路网络。京广铁路、邯济铁路、邯长铁路、邯黄铁路，多条铁路直达邯郸，邯黄铁路实现了冀南与河北港口互动发展，与黄骅港、京唐港联系更为快捷。京广高铁纵横交错，中原第二大铁路编组站、邯郸国际陆港坐落于邯郸市邯山区。

在四省交界区域中，只有邯郸具备铁路交叉、国道交汇、高速纵横过境和航空港四位一体的立体交通条件。

邯郸机场位于邯郸市西南，占地面积133.33公顷，机场等级4C级，运营上海、深圳、哈尔滨、杭州、成都、大连、厦门、沈阳、广州、珠海、海口、重庆、温州、合肥、呼和浩特、鄂尔多斯等十多条航线。机场二期2011年建设完成机场货运功能区，具备货运功能。

这样的交通网，使邯郸与全国各地紧密相联，有助于货物运输与人才流动，有助于新事物的引进和思维方式的相互借鉴，有助于新思维、新气象、新动能的涌入。

一个城市的对外交通，是这个城市外活力的最基本条件，是城市发展壮大的源泉。

二、邯郸打造中原经济区北部中心城市

2012 年，《中原经济区规划（2012—2020 年）》（以下简称《规划》）获得国务院正式批复，邯郸市、邢台市的基础设施、产业基地建设、历史文化遗产保护、扶贫开发等一大批重点项目被纳入其中。主要包括：漳滏河大型灌区和一批重大农业结构调整工程列入规划，并同意开展前期工作。邯郸、邢台石化装备等一大批产业基地列入规划；冀南钢铁产业列入规划；邯郸、邢台生物产业，邢台光伏高新技术产业，邯郸储能电池产业，邯郸国家新材料产业等一批战略新兴产业基地纳入国家规划；支持邯郸、邢台等老工业城市加快调整改造。《规划》还提出，将邯郸打造成为在中原经济区内具有重要影响力的中心城市和中原经济区与环渤海经济区合作交流的北部门户。

为了尽快完成中心城市建设，邯郸开始构筑"三核驱动、组团发展"空间布局。地处四省交界的邯郸，不仅是河北的南大门，还是中原经济区中心城市，同时也是京津冀区域中心城市。两大区域同时覆盖，且都被定位为"区域中心城市"，那就应该具备中心城市的能力和要求。邯郸要按照打造区域中心城市的目标，优化都市圈空间布局，完善城市功能，提升承载能力。加快推进中心城区、县城和乡村统筹协调发展。加快推进东区开发、老城区提升和冀南新区建设，统筹峰峰、永年、肥乡发展，构筑"三核驱动、组团发展"的发展格局。邯郸把东区打造成为创新引领中心，建成引领邯郸发展的现代化综合性城区；把主城区打造成为生活服务中心，进一步提升城市功能；把冀南新区打造成为生产组织中心，大力发展先进装备制造、文化创意、高新技术等产业，规划建设科创城。

打造中心城区的同时，邯郸还要打造一批功能齐备、产业发达的中小城市。重点建设一批园区经济、休闲旅游、商贸物流、教育科技、传统文化等特色小镇；持续推进美丽乡村建设；坚持以交通圈拓展都市圈、带动经济圈、扩大辐射圈，建设全国综合交通枢纽城市。

（1）与京津合作聚焦四大领域。建设区域中心城市，邯郸需要怎样的产业格局来支撑？邯郸作为一个资源型重化工业城市，无论是突破眼下的发展困境，还是实现更高层次、更高水平发展，产业转型升级都是绕不过的坎。要始终保持战略定力，改造提升传统产业，加快新旧动能转换。为此，邯郸市围绕产业结构调整作出了系列安排。其中，就落实京津冀协同发展战略，邯郸从建设区域中心

城市角度出发，提出了与京津合作的主要思路。邯郸市将建好冀南新区、邯郸经济技术开发区、冀津循环经济产业示范区等承接平台，积极承接京津产业转移和北京非首都功能疏解，加快建设京津先进制造业转移承接地、食品工业扩能首选地、优质医疗教育资源合作优选地和旅游目的地。从“承接地”到“目的地”，邯郸市有针对性地提出了上述四大领域合作目标。

（2）加速城镇化进程，更加注重质量提高。加快东部新区建设，开工建设市客运枢纽中心，推进体育中心、传媒中心、青少年活动中心等公共设施建设。增强城市承载力，加大重大城建工程建设力度。加快回迁房建设，确保居民按时回迁。强化精细化管理，提升数字城管服务平台功能，加强城市管理综合治理，开展治脏、治乱、治噪、治堵专项行动。加快聚集优质产业，主城区重点发展楼宇经济、总部经济。加快县城扩容升级，重点建设精品街道、标准公园、商贸综合体等，引导产业和人口向县城加速聚集。

（3）统筹区域协调发展，提升县域经济竞争力。依托冀南新区，打造重要经济增长极。冀南新区将强化规划引领，完善配套设施，聚集优质项目。邯郸经济开发区争创国家级开发区。按照“西部率先、中部繁荣、东部振兴”的思路，加快发展县域经济。鼓励全民创业，健全完善创业辅导、人才培训、技术支持、信息咨询等公共服务体系。借力京津，对接沿海，融入中原，邯郸市确立了打造“大中原”次中心、中原协作区排头兵、“冀中南”增长极的发展目标，推动城市全面转型，打造门户优势

三、城市外活力的设计向度与实施技术

城市外活力是在城市建设的基础上，不断塑造自身的形象，并让这种形象影响周边城市群，进而形成城市群的核心。从这个意义上说，城市形象是城市外活力设计中的首要因素，是城市增强其外活力的基础。城市形象，是城市生态环境、经济活力、文化底蕴、精神品格、价值导向、内在品质等综合功能的结构性呈现。城市形象构筑，是以文化为内涵，以精神文明为主体导向的城市建设的艺术性操作，是一项复杂精细的系统工程，城市外活力的设计向度与城市内活力在很多方面具有一致性。城市形象的设计者应当是城市经济活力的增益者和精神品格的塑造者，设计者的素质将直接决定城市的品格魅力。城市的形象设计包括文化底蕴的丰隆、精神品格的模塑、价值观念的导向、生态环境的预期与经济活力的劲放等几个相关向度，设计的基本目标便是要求达到各个相关向度的最大优化

与最佳整合。文化底蕴的丰隆是城市外活力的重要展现，是一个城市是否具有活力的根基；精神品格的模塑是城市的最内化要素的外展现，是城市活力的根本；价值观念的导向是形成前两项的重要因素，是精神品格塑造中的引领方向，生态环境的预期与经济活力的劲放是物态要素，是物质基础，是塑造城市精神的物质力量。

近年来，中国城市的发展速度惊人，伴随着城市的急剧扩张，城市生态环境和人文环境都引起人们高度的重视，在创建全国文明城市的过程中，其内在要素的细化已经非常鲜明，但如何保持，那就一定是城市的文化内涵和文明程度的提高，由此，在城市外活力设计的实施方面，既要考虑到城市的生物环境要素，更要纳入城市的文化内涵要素。

第三节　城市外活力的塑造

一、新型城镇化与城市辐射力激发

当前，我国城镇化率比较低，城市辐射力较弱，不论是城市圈的命名还是城市圈的打造，多以行政手段制定规划为主，多梯度社会结构下的多层级城市的顶层设计与规划不明显，合理差序的城镇群还没有特定模式和雏形，在某种程度上还存在概念纽结的现象，把“城镇”与“城市”的概念研究扩大化，造成了路径与对策的研究受到阻滞。

处于社会转型期的中国，存在着诸多社会问题。从城镇化的角度来说，城镇数量偏少，城镇与城镇距离较远，衔接不够紧密；城镇中对居民政策的不统一，资源配置失衡，社会不公现象依然存在；过度工业化导致的污染，流动资产供给不足，固定资产的浪费现象，使得有些城镇的承载力过大而不能正常运转；同质化城市的重复建设，失去了区域城市特色和功能，全国不能形成紧密的环环连贯的整个城市群体；城镇功能体发育不全，小城镇的发展受到排挤，活跃度不高，滋生很多社会问题，发展的差距越来越大，不平衡的矛盾越发加剧。国家新型城镇化规划（2014—2020）的制定，有了顶层设计和统一要求和指导，非常翔实地展示了我国现行城镇化的作用和发展现状，揭示了存在的矛盾和遇到的新问题，客观提出了我国新型城镇化的要求，提出了“以人的城镇化为核心，有序推进农业转移人口市民化；以城市群为主体形态，大中小城市和小城镇协调发展；以综合承载能力为支撑，提升城市可持续发展水平；以体制机制创新为保障，通过改革释放城镇化发展潜力，走以人为本、四化同步、优化布局、生态文明、文化传承的中国特色新型城镇化道路，促进经济转型升级和社会和谐进步，为全面建成小康社会、加快推进社会主义现代化、实现中华民族伟大复兴的中国梦奠定坚实基础。”

以人的城镇化为核心，以城市群为主体形态，以综合承载能力为支撑的新型城镇化，根本问题是人的问题。人是生产力中最活跃的因素，但这种活跃产生双重效应。一方面，正是因为有了具有一定文化水平和理念的人，有了这些人的行为，才有了城市的活力；另一方面，由于人的素质差异，在落后理念支配下的人，由于他们的行为和影响，也会对城镇的现代化建设带来负效应。新型城镇化不是人口的城市集中或聚集，而是用现代化的思维、意识、思想引领，以城市精神来凝聚人心，打造适应现代社会发展的现代人，以防止出现人的思想意识分层，造成新城市的新二元矛盾。马克斯·韦伯说：任何一项历史事业都有一种无形的社会精神气质作为时代的精神力量来支撑，没有这一支撑，这项事业就难以完成。一个国家需要有自己的民族精神，一个城市同样需要有自己的城市精神。城市精神是一个城市独具特质的精神品格，是城市市民认同的精神价值与共同追求，它凝聚着一座城市的思想灵魂，代表着一座城市的整体印象，彰显着一座城市的特色风貌，引领着一座城市的未来发展；它对城市的生存与发展具有巨大的灵魂支柱作用。这种城市精神的打造需要全体市民的集体认同和共同参与，并通过全体市民的语言、形象、行为展现出来。

人的城镇化是一项艰巨的任务和漫长的过程，是新型城镇化中的根本问题，激活人的城镇化，只有使城市内的居民和走向城市的农民都能够用城市的思维生活和创造，开展政治、经济、文化、生态、社会等活动，与世界转动的潮流接轨，才能打造出新型的城镇（城市）。

城镇的建立并不是城镇的终结，它承载着现代化的功能。通过一定区域的城镇分工协作，组建城市群，定位发展，各城镇独具特色，相互吸引，相互促进，融合生长，辐射带动整个区域的冲击力和向上的力量，这就促成了经济圈的建立。

经济圈虽然是以地域划定，但并不是说有地域就能够成为经济圈，其构建与运行是一个系统运作过程，要通过中心城市引力与辐射力、经济圈边际及其内部成员的向心力和凝聚力来达到立体运转，只有成为经济圈的地域在经济上的一致性与利益上的多赢性互容互动，形成联动效应，才能在区域经济发展中发挥最大作用。

二、城市辐射力与经济链建构传动

城市的发展依靠众多软硬件的支持，并对周边地区起到影响和带动作用，这就是所谓城市的辐射力。城市辐射力的强大是核心城市潜力挖掘与造就的结果。城市若要具有辐射力，就要有自身的内涵，一个没有内涵的城市无法形成对外的辐射。城市的内涵不是来源于面域疆土，也不是来自高楼街道，而是源于文化，源于特色的凝练。这种文化是一个净化与凝结的过程，是历史记忆、文化脉络、地域风貌、民族特点的集合与交叉。构建城市辐射力应当从城市自身具有的潜力做起，深入挖掘文化内涵，打造城市特色文化，以文化融合思想，以文化凝练责任，以文化形成合力，以文化带动经济、政治文明和社会和谐，这才能形成持久有耐力、经受考验的辐射力，让其亮点和闪光点更能发出灿烂的光辉，让城市对周边地区的影响和带动能力最大化，这就是经济圈赖以传动或运转的内在能量。

城市辐射力要着手抓住城市本身具有的良好发展条件，包括内部条件和外部条件。内部条件是为了探寻城市辐射力的要素所在，外在条件是为了让其辐射力发挥效能的途径得以挖掘，并使效能最大化。内部条件和外部条件应相互补充、相互贯通、相互融合与生长，并在此基础上，建构适合本地发展需要的经济圈体，让其层面的共有性与特色共存，共同发挥融动联动效应。

首先，要找寻城市特色与特长，这是建构和打造经济圈的前提和基础。城市是经济圈打造的核心，也就是经济圈的圆心，特色城市存在久远的根本支柱是文化的传承，城市辐射力的根由所在也是城市的特定文化，要使城市的辐射力发挥最大的作用，就必须以城市的文化为引领，厚实基础，以特色产业为枢纽，夯实动能，把其特长延长，建立一个以城市特色产业为传动带的树枝叉状经济体系，前后相随、相互衔接、相互补给、相互影响，形成特定的经济链。

其次，要强化和造就地理优势。在经济发展的过程中，地理优势是显而易见的，常言道：要想富先修路。道路畅通，不仅可以吸引投资，而且有助于交流沟通，既可以减少交通费和各种因地理因素带来的成本，也可以领略外面精彩的世界。在当今世界经济全球化、相互依赖日益突显的情况下，地理优势会越来越给区域发展带来机遇与利益。这种地理优势不一定是天然就有，它可以通过建设规划、营造构建起来。

再次，加强拓展能力及腹地建设。城市辐射力的发挥和经济圈作用的加强，离不开城市及腹地的动能运作，城市影响能力向外拓展，是其辐射力受力面增强的标志，这种拓展不是划地而动，应该着力于经济体本身的能量散发，一个不具有活力的、内涵短缺的经济实业，是不能带动大圈体运动的；反之，腹地的受力能力有限，不能接受城市带来的商机，也会直接影响圈体的运动。所以，在打造城市能力的同时，要注重腹地的建设和圈体营造，这种营造要在一个整体经济构想中完成，并逐步加以完善和规模化。

最后，要建立保障体系。城市辐射力与经济链的运转，需要营造良好的氛围，并要建立相应的保障体系，不能朝三暮四，更不能朝令夕改，要依据政府的、经济的甚至法律的手段保障合理的制度顺利进行。经过这几个方面的建设，经济链的建立与作用的发挥才能够得以稳妥。这种经济链不是只有一条，应当是相互联结的多条，这样才能形成树枝叉状态。

经济圈的建立要以大城市或影响力大且能够在一定程度上起到强带动作用的城市为中心，以多个小城市为传送点，以经济链为传送带，以共同经济项目的流水作业为主要内容。经济圈的打造源于对圈体内部经济资源的分析与配置，资源配置错误是最大的浪费，建立经济链是对圈体内部经济资源合理配置的前提，本着圈体的特性与特点，抓住行业的特色，以大城市为中心，建立以中小城市为辅助的辐射力磁性场，以一定的行业特点为链条，形成联结和立体构架，相互依赖，共同运转。

三、城市辐射力拓展、集聚与圈层互动

随着城镇化水平的提高，城镇与城市的数量不断增多，城市与城市间的空间距离会相对缩小，而区域控面会加大，这种情况下，规模化的经营要求城市内聚力和向外辐射的能力都要增强，因此，除了加强自身功能外，还要注重辐射力的拓展、集聚和圈层互动。城市辐射力拓展源于城市对其自身发展条件的优化和科技进步的推动，城市自身能力越强，其带动和辐射功能就会越大，城市的影响力只限于自身发展供应链与消费链平行运行的时候，其辐射能力难以得到体现，只有城市的经济链向外拓展，形成特定供求链，而且其衔接力紧密，相互影响、相互制约，才能构筑较为稳定的经济圈体链，也才能实现辐射力的外延与拓展。当城市经济发展到一定阶段，不仅由于技术进步带动产业升级使部分产业不断向腹地转移，而且也会由于经济中心城市的其他客观条件的限制，如土地价格上涨、生产成本的增加、使用费用的攀升等原因，引起部分资本向周边地区迁移，人才随之流动，因此，大城市辐射力扩散与拓展既表现为产业结构调整中产业向周边

城市经济腹地转移，又表现为人才、资本、技术、信息等高级生产要素的溢出，其结果是在中心城市周边形成卫星城和城市群，并带动圈体边缘经济区和乡村的发展，使城市辐射力放大式体现。

中心城市通过辐射和集聚两种基本运动，创建与周边城市及经济腹地间的紧密联系。城市的集聚源自于城市自身的能力，由于城市自身能力的增强，其经济规模、市场效益、人才效益和设施效益的突显，使得周边地区经济链、经济产业、资本、人才、原材料、科学技术和信息不断向中心城市集聚，极化效应不断提高，反过来又进一步创建周边极点，增强传递功能，使中心城市、各中间极点、区域内各环节互动起来，形成良性圈层互动。应以中心城市为核心，以各极点为传送带，向周边地区辐射蔓延，各层次相互带动、相互影响，圈内与层内要素相互制约，圈与层相互联结，突显经济圈的优势功能，产业链与循环经济是经济圈互动的两个支柱。

四、城市辐射力与经济圈打造的引力与张力

城市辐射力是经济圈的强力前提，没有辐射力或辐射力弱的城市不可能成为经济圈体的核心，圈体运动是在城市的辐射力带动下整体的流动循环运转，一个地区或区域的经济社会发展依赖于城市的带动，城市辐射力的作用牵动和影响圈体内各要素的相互碰撞与传动，由于这种相互激荡、刺激圈体内要素的进一步融合，拉动圈体经济增长。所以，城市辐射力与经济圈之间的引力是不可或缺的。经济圈的打造源于对圈体内部经济资源的分析与配置，资源配置错误是最大的浪费，建立经济链是对圈体内部经济资源合理配置的前提，应本着本圈体的特性与特点，抓住行业特色，以大城市为中心，建立以中小城市为辅助的辐射力磁性场，使得引力与张力共存，带动与拉动共同发挥作用。

只有持续型引力与张力才能在较长时期内促成城市辐射力的增强与经济圈体的固化。首先，积极推进产业升级，注重集约化发展，这是增强城市竞争力的根本所在，也是强化城市辐射力的源泉。加快经济发展是提升集聚能力和辐射能力、强化城市功能的根本，而加快发展的根本途径在于转变经济发展方式，寻找持续的经济增长点，用现代化手段解决发展中的各种问题。其次，加快城市建设步伐，历练城市内功，增强集聚能力。中心城市对周边城镇和乡村的带动要以自身的功底雄厚为前提，城市自身建设好了，引力点发掘出来了，吸引力自然就会增强，集聚能力和辐射力以及带动影响能力都能在一定程度上得以展现和释放。

再次，加强文化建设，增强城市文化魅力，这是内功的底蕴所在，也是内涵增强的标志。文化是城市的灵魂，城市的竞争，既是经济的竞争，更是文化的竞争，经济的竞争有时是时期的转换，文化的竞争才是无形的魅力。最后，加强城际间的对话、协作与文化融通。经济圈的发展是区域联动和区域合作的结果，既合作又竞争，既分散又联动，在联运中取长补短、共同发展；在竞争合作中实现社会资源配置效益的最大化。

城市辐射力的大小与城市的经济实力和发展水平成正比，与城市的经济结构密切相关。开放性的城市与城市周围地区和城市有密切的联系，包括经济、技术、信息、人才的支援和影响。城市的经济实力越强、科技水平越高，对周围地区的辐射力越大，与周围地区和城市的交往也越密切、越广泛。所以，在特定条件下，城市的强扩散直接作用于周边地区，成为拉动周边地区的动力源，而周边地区经济的萎缩不利于经济圈的进步与发展。由此，中心城市与经济圈的发展、经济圈与周边地域的发展要有整体规划，重视引导，城市经济圈在聚集经济和人口、创造物质财富和精神财富等方面的作用都非常突出，但过度聚集产生的负面效应也会随之显现出来，如交通拥挤、地价飞涨、生态环境恶化等，所以，应重视规划的引导作用，注意学习外国的先进经验。如 20 世纪 40 年代，为了防止伦敦城无限制膨胀，英国议会制定了“绿带法”，并在其外围规划布置了 9 座新城，促进了城市人口的向外扩散，不仅推动了伦敦大都市经济圈的发展，而且促进了伦敦-伯明翰大都市经济带的形成。注重协调规划，自觉运用经济手段进行宏观调控。经济圈的发展离不开政府的宏观调控，特别应尊重市场经济规律，自觉运用经济手段进行宏观调控，建立合理合法又符合经济规律的经济圈体。

总之，城市辐射力的作用与经济圈的打造是一对相向的共同作用体，城市辐射力的增强能够带动经济圈的壮大与发展，而经济圈的发展又能够刺激城市辐射力的改善与加大，在区域经济优势日益得到强化、作用力越来越突显的情况下，研究并实践二者的关系及互动效应，有助于在新的时期把握经济进步发展的脉搏，刺激和促进经济的持续快速协调发展。

第四节 城市外活力与城市内活力互动

一、城市内外活力的一致性与差异性

不论是城市内活力还是城市外活力，都要求对城市的发展和进步起到重要的

推动作用，没有激发力就没有城市活力。从城市内活力来说，其更注重城市的品位、品格和内涵要素；从城市外活力来说，其更加注重对外的吸引力和辐射力。但这两种力都是由城市自身的内在要素和建设思路决定的，决策者的意识起到了决定作用。从这一点上说，城市内活力与外活力是一致的。然而，既然有内活力与外活力之分，那一定会存在着某种差别。一般来说，城市的内活力源自机体的内部，在于对城市的认知、管理、文化渊源、经济实力等；城市的外活力在于城市临城关系、城市的交通、城市对外影响与辐射等，任何事物都有内在性与外在性，内在与外在虽然有区别，但不能截然分开，其只是一个事物的两个方面。

二、实现城市内外活力互动的障碍

在经济全球化背景下，城市内外活力互动的主要障碍是由对其认知程度不同造成的，由于交往变得频繁和重要，所以，不同时期或时代对待城市内外活力的态度一定不会相同。根据马克思世界交往理论，国际上各个国家、民族之间的交往，是社会发展的必然结果，世界交往的产生与发展是由生产力推动的，它是适应生产力发展的一种新的交往形式。各个民族、各个国家通过相互交往，日渐形成一个整体的产物。马克思世界交往理论便是在各个民族连续突破地域界限的情况下产生的。当前，中国打开了与世界进行交往的大门，每个国家、每个民族和每个地区之间的交往越来越普及，世界性交往成为了一种不可阻碍的时代潮流。一国与他国进行交往能够使他们见识到他国的商品。交往可以促进各国的贸易流通，为世界创造出更多的价值，这是从马克思世界交往理论得到的启示。基于此，城市与城市之间交往类似于国与国之间，城市之间也是通过交往提升自己，也是生产力不断发展和提高的结果。城市为了扩大其交往，就要不断提升自己内活力和外活力，城市内活力与外活力互动，实际也是城市交往中必须要遵循的一个重要方面，城市内活力与外活力有机统一，相互融合联动才能增强城市的交往，加大其吸引力和辐射力，从而提高城市的影响力和水平。

那么，城市内活力与外活力能否形成有机互动，其主要障碍来自对城市本能的认知，比尔·盖茨说过：人与人的区别在于脖子以上的区别，大脑决定一切。思维的认知在一个高水平上，对内活力与外活力的影响因素把握准确、处理得当，二者相融洽，才能相互促进、相得益彰。其次，就是城市内活力与外活力要素相融合程度，如果不能很好地认知城市内活力要素与外活力要素及其相互关系，把各要素分裂开来，或者对重要要素认识不清，处理不好，不能相互协调，那么，城市内外活力就不能相互衔接、有机错位，相互促进。最后，是城市本身发展的偏颇。城市自身内在要素与城市发展相关较大，不在同一个水平线上，管理者也很难把其相互统一到一起，这是城市发展不均衡带来的恶果。

三、城市内活力与外活力互动原则与途径

第一，兼顾原则。城市内外活力发挥作用的效能最大化的根本点，就是二者兼顾，不能舍此求彼，也不能舍彼顾此，既坚持重点，也要兼顾“两点”。

第二，创新原则。创新是一个国家进步的灵魂，是国家兴旺发达的不竭动力。一个城市的发展过程中，内活力与外活力在不同时期，不同条件下，都会有所不同，刻舟求剑的办法早已证明了其错误，在新时代，城市发展的新要素新气象不断涌现，即增加了对城市认知的难度，也给城市的发展带来了机遇。不论什么情况下，都应秉持创新原则。

第三，目的性原则。对于一个城市的灵魂塑造和精神打造，应有一定思路，在内外活力互动中，要把握这种要素和思路，以目标为标的，以实现目标为途径，让目的明确，让责任清晰，维护目标的实现。

第四，平衡性原则。失衡永远是前行的大敌。内外活力互动一定要掌握平衡性原则，在各要素的基本平衡中，实现活力最大化，实现目标最优化，实现速度最快化。

第五节　城市国际化与对外交流合作

当前，世界呈现政治多极化、经济全球化、社会生活与文化多样化的特点。在人在家中坐，只要轻点鼠标就能够拥抱全世界的今天，很多城市欲跻身于国际大都市，这样就能带来城市活力的扩张，即使不能成为大都市，也会在城市交往中增加国际交往。

城市国际化是指城市在人、财、物、信息及整体文化等方面进行跨国界的相互往来与交流活动不断增加，城市的辐射力、吸引力影响到国外的过程以及国际性城市的形成过程。城市国际化是城市外活力的延展，是城市发展中空间拓展的需要，当一个城市的发展空间受限时，它就一定会向外拓展。邯郸是一个内陆城市，是一个三线城市，其国际化的条件还是有限的。但向外拓展永远是城市发展的一个思路。

（1）要想城市国际化或向国际拓展，必要的交通通信要及时跟上。建设国际化城市，光靠喊口号是不能成功的，国际化是一段艰难曲折的漫漫长路，应先把物质条件打造完善，这是首要的也是重要的一环。

（2）打造鲜明特色。不论是产品的特点还是形象的特点，或者工序的特点，都要有城市自身的特色，得到公认，才有可能国际化。邯郸在很多方面是有自己优势的，邯郸的历史文化是独特的、独一无二的，其内在价值还有待挖掘，邯郸的制造业也是有特色的，可以着重抓好一个方面、一个产品，对接一个国家、一个侧面，先做起来，再完善。

（3）加强国际交流与合作。利用现代社会的优势，通过加强国际交往疏通合作渠道和方式，参与国际会议，进行国际考察，选择国际项目等。

在城市国际化过程中，由于人们对发展的渴望，对经济规律的认识不足，还有一定程度的急功近利，致使城市发展中出现盲目追风、幼稚模仿状况，我们要充分认识助推城市发展的根基所在，不能犯急于求成的错误，不能搞“大跃进”式的扩张。一座城市要想达到国际化的水平，就要有政策的清明、经济的繁荣、文化的包容，城市的目标应当是致力于为全体市民谋福利，改善全体市民的生活环境，这些才是决定一个城市是否符合国际化标准的关键。

第六节　城市形象塑造与推广

无论城市内活力还是外活力，都离不开城市形象。一个城市要想有良好的形象，就要打造城市名片，构建城市品牌。城市品牌是一个城市特有的，区别于另一个城市的显著标识。就像商品，一提到某个品牌就知道是什么公司的，做什么用的，同样的物品，选择哪个品牌更适合自己等。城市品牌的塑造就是挖掘城市内特色，激活城市内活力的过程。

形成城市的特定品牌后，就要进行城市营销，要对城市进行推广传播，使其深入人心，形成特质。

首先，城市形象推广过程，就是城市品牌传播过程，城市品牌传播要纳入品牌战略，启动品牌营销策略，争取名人效应。其次，不仅要对城市形象进行推广，还要进行内部公关，争取政府职能部门及其工作人员的了解、支持与合作。城市品牌建设没有各职能部门及其工作人员的支持与配合，就失去了其必要的组织保证；城市品牌涉及众多领域和部门，是一个系统工程，没有各部门的配合与协作是很难成功的。

城市形象推广的城市品牌还需要一个良好的外部环境，需要得到广大市民及舆论界的支持与配合。应积极争取广大市民的理解、支持与合作。像邯郸城市精神："开放、进取、担当、包容。"经过专家讨论后，全体市民开展大讨论，在讨论中确定含义，推广内涵。"开放"是邯郸文化的深层基因，是"胡服骑射"精神的延续。开放才能使邯郸蓄势待发、由大转强、走向复兴。"进取"一词最早出现在邯郸，是邯郸复兴崛起的坚实力量，是邯郸人民在历史长河积淀中形成的坚韧不拔、百折不挠的优秀品质。"担当"是邯郸复兴崛起的核心灵魂，是一二九师精神的具体阐释，勇于担当一直都是邯郸人民的优良传统。"包容"是邯郸复兴崛起的本质保证，是邯邢基地带来的核心力量，是邯郸人民固有的气度和个性。包容才能厚德载物、博采众长，促进和谐、推动发展。市民是城市的真正主人，一切有关城市发展的决策，只有得到市民的支持和配合才能最终获得成功。而且，市民形象本身就是城市形象的一个有机组成部分。

重视与新闻媒体建立良好的合作关系。新闻媒体作为现代发达的信息传播渠道，具有权威性强、覆盖面广、传播速度快等特点，政府应重视与新闻媒体建立良好而密切的关系，加强新闻发布，积极为媒体提供有关资料，向广大公众主动传播城市形象建设方面的信息，营造良好的舆论氛围，从而推动城市形象建设的顺利开展。

加强与社会其他团体及个人的联系，充分调动社会各方面的积极性。城市形象建设的系统性和复杂性决定了必须实行"多兵种联合作战"，可以恰当开展政府外部公关工作，吸收公共关系学、管理学、设计学等各种不同学科的专家和学者积极参与，集思广益。

具有鲜明个性特点的节事活动和带有城市地方文化色彩的节事活动称为标志性节事。标志性节事活动的定期、重复、持续举办，往往可使节事活动与举办地城市融为一体。人们往往提起某城市会想到某节事，提起某节事也会想到某城市，节事可以成为城市品牌的标志、城市形象的名片。节事活动的这种名片传播效应，能够加深人们对城市形象个性的认知度和记忆度，有利于扩大城市品牌形象的影响力和辐射力，促进城市特色经济的发展。

利用节事活动，还可以有效改变和扭转城市的消极形象，帮助城市在短时间内尽快度过形象危机期，改善、重塑城市形象。

城市广告作为塑造城市品牌的重要手段，越来越受到各个城市的高度重视。

城市广告主要包括城市形象广告、招商广告、旅游广告、节庆会展广告四种类型。以上四种广告并不是截然分开的，很多时候都是融为一体、相互促进和相互依存的，是城市品牌整体营销传播的一部分，为城市整体品牌形象服务。

有效的城市广告对于招商引资、改善城市形象、发展旅游和广泛地吸引人才都是非常重要的，具体表现在以下几个方面：

第一，有利于招商引资和发展旅游，带动经济发展。

第二，可以增强城市居民的凝聚力、归属感和自豪感，有利于提高市民的文明程度和城市化进程。

第三，通过城市广告的教育、影响，可使市民养成热爱城市、团结互助、文明礼貌、遵纪守法的好习惯，从而带动城市精神文明建设更上一层楼。

第四，有利于吸引人才。城市广告对吸纳人才具有潜在影响力，一个环境优美、秩序优良、富有活力的城市形象，必然会对各类人才产生强大的吸引力。

第五，有利于展现城市特点，增强城市魅力。

第六，有利于增强公众对政府的信任感。好的城市广告能帮助塑造一个良好的政府形象，从而赢得广大市民的信任。

城市广告中，口号是最主要的工具，口号是表达想法和确定认知的最简单、最有效的方法。在美国，城市口号主要围绕商务环境和生活质量两个主题。

许多城市甚至直接在口号中用“商业”这个词来表明它们是进行商务活动的好地方。而拥有特别的自然条件、历史遗产或娱乐设施的城市往往会用阳光、大海、冒险、魔幻和历史等名词向居民和游客展示自身的优势。

现在，“城市品牌”问题越来越成为摆在世界各国城市政府面前的一个庞大的系统工程和战略性课题，已经引起了他们的高度重视。

良好的城市品牌不仅是城市对外联系的窗口，是促进城市发展的重要手段，同时也是政府公关目标的重要组成部分。城市作为人类政治、经济、文化中心，其协调、发展离不开政府的领导和管理，城市品牌的塑造自始至终离不开政府的支持和领导。

第六章 以文化社会学为基础的城市活力模式构建

第一节 现代社会城市活力新视野

城市的出现，是人类群居生活的高级形式，也是人类走向成熟和文明的标志。伴随着城市的发展，有关城市发展的理论也经历了一个逐步理性化、不断成熟的过程。人们观念的改变、认识的提高，影响着未来城市发展的走向。

一、城市发展的一般理论

（1）区位理论。保罗·克鲁格曼将其称为“德国几何学”。区位理论主要包括农业区位论、工业区位论、城市区位论等。农业区位论的代表人物是德国经济学家冯·杜能（J. H. Von Thunen），代表作是1826年的《孤立国对于农业及国民经济之关系》（又译为《孤立国》）；工业区位论的代表人物是德国经济学家韦伯（A. Weber），代表作是1909年的《工业区位论》（又译为《纯粹区域理论》）；城市区位论的代表人物为德国经济学家克里斯托勒（W. Christaller）和勒施（A. Losch），代表作分别是1933年的《南部德国的中心地原理》和1939年的《经济空间秩序》。区位理论的重要意义在于分析城市效益的根源，确定了城市的分布状态和分布形式。

（2）结构理论。1953年刘易斯（W. A. Lewis）提出了结构理论，他认为发展中国家存在着二元经济结构，即国民经济含有两种性质不同的结构或部门，一般称之为二元部门模式。他认为，在具有二元经济结构特征的社会里，农业人口占最大比重，且农业边际劳动生产率极为低下，工业部门可以获得源源不断的劳动力供给，是具有完全弹性的。刘易斯就业转换理论的实质是利用农业部门的隐蔽性失业劳动力支持现代工业部门的资本积累。

（3）人口迁移论。1996年，李（Lee）总结了引起和影响人口迁移的因素，即原居住地的因素、迁入地的因素、障碍因素和迁移者个人因素。他认为每个地区都同时存在两种不同的因素，引起促使、抑或排斥阻碍人们迁移。该理论认为，人口迁移受迁出地的推力因素和迁入地的拉力因素共同作用。“推力”，即存在着迫使居民迁出的社会、经济和自然压力；“拉力”，即存在着吸引其他地区居民迁入的社会、经济和自然引力，在人口迁移的过程中城市形成并不断发展。

（4）生态学派理论。该理论突出“以人为本”的中心思想，强调人与自然、人与生态环境关系的协调，主要包括田园城市论、芝加哥古典人类生态学论、有机疏散论、城市复合生态系统理论等。以霍华德（E. Howard）为代表的著名的田园城市论认为应该建设一种兼有城市和乡村优点的理想城市，他称之为“田园城市”（Garden City）。1919 年，英国田园城市和城市规划协会与霍华德协商，明确提出田园城市的定义，即“田园城市是为了健康、生活和产业而设计的城市，它的规模足以提供丰富的社会生活，但不应超过这一程度；四周要有永久性的农业地带围绕，城市的土地归公众所有，由一个委员会受托管理”。田园城市成为“理想城市”的经典代表，对现代城市规划思想具有重要的启蒙作用，将城市构造设计和建设理论推向了科学化的新高度，对城市规划和城市管理产生深远的影响，影响到了之后的生态论、系统论、可持续发展论、城市有机疏散论等理论，奠定了生态规划的理论与实践。

（5）城市发展重要因素的相关理论。萨缪尔森认为，发展的四个基本因素是人口、自然资源、资本形成和技术。实践研究发现，人力资本、制度、文化和社会资本等是现代经济增长的重要的因素。

（6）低碳城市发展理论。低碳城市理论起源于国外，近年来国内有学者对此予以关注，初步形成了以下的观点。付允、汪云林、李丁等人认为，低碳城市就是通过在城市发展低碳经济，创新低碳技术，改变生活方式，最大限度减少城市的温室气体排放，彻底摆脱以往大量生产、大量消费和大量废弃的社会经济运行模式；形成结构优化、循环利用、节能高效的经济体系，形成健康、节约、低碳的生活方式和消费模式，最终实现城市的清洁发展、高效发展、低碳发展和可持续发展。夏堃堡认为，低碳城市就是在城市实行低碳经济，包括低碳生产和低碳消费，建立资源节约型、环境友好型社会，建设一个良性的可持续的能源生态体系。胡鞍钢认为，在中国从高碳经济向低碳经济转变的过程中，低碳城市是一个重要的方面，包括低碳能源、提高燃气普及率、提高城市绿化率、提高废弃物处理率等方面的工作。

（7）新型城镇化。长期致力于新型城镇化研究的学者张鸿雁认为，中国当前正处于“城市社会来临”背景下的新的发展阶段，新型城镇化战略正是基于对这个发展阶段的深刻认识和文化自觉而提出的。对传统社会来说，社会整体变迁意义上的进步莫过于城市社会取代农业社会。城镇化不是一个简单的城镇人口比重的变化，它本质上是人类现代化的过程和结果。社会生活的民主、就业的相对充分、社会保障的公平、人生价值的多样化实现、生态环境的可持续、法制的契约关系及市场取向等，都是新型城镇化健康发展的内涵和目标。中国的城镇化研究和制度设计必须从传统城市规划学、地理学和区域经济学科领域的局限中走出来，并上升到城市社会变迁、社会现代化的广域角度和高度来研究。应该用理性的、科学的方法来研究、探索中国城镇化的规律，而不是“设计”人类城镇化的规律。

（8）城市发展的 SWOT 理论。SWOT 分析是一种对企业的优势、劣势、机会和威胁进行的分析，把所有的内部因素（包括公司的优势和劣势）都集中在一起，然后用外部的力量来对这些因素进行评估的分析方法。SWOT 理论的突出作用是能够很好地为企业以及个人的战略得到更可靠安全而又准确的信息，通过对被分析对象的优势、劣势、机会和威胁等加以综合评估与分析得出结论，通过内部资源、外部环境有机结合来清晰地确定被分析对象的资源优势和缺陷，了解所面临的机会和挑战，从而在战略与战术两个层面加以调整方法、资源，以保障被分析对象的实行，达到所要实现的目标。

近年来，该理论应用已经突破了仅仅用以分析企业和个人的局限，广泛用于对某种产业、城市、区域进行评估，具有一定的科学性。

二、邯郸发展的 SWOT 分析

（一）邯郸发展优势

（1）文化底蕴深厚。邯郸，素有“成语典故之都”美誉，是中国历史文化名城，历史典故众多。文化是城市的灵魂，是城市活力彰显的重要资源。自然资源的开采会对资源形成减副效应，会越挖越少，而文化资源则与自然资源呈现相反的态势，文化资源是深厚的历史积淀，会越挖越多。在未来城市发展总的思路和设计中，邯郸应更加注重挖掘文化资源，彰显城市特色，统筹城市建设与古迹保护、文化传承，挖掘、保护和传承好邯郸的文化遗产，努力在城市化进程中融入文化元素，打造文化生态，寻找寻邯郸文化元素，提炼城市符号。

（2）具有良好的经济基础。辩证唯物主义原理告诉我们，物质第一性，意识第二性。对于一座城市而言，如果把文化比作向身体输送养分的血脉，那么经济无疑就是支撑起整个身体的骨骼。没有相当的物质基础，就不可能有能力去挖掘文化脉系，传承基因，弘扬文化精华。文化的积淀和繁荣会为城市的发展不断地提供新鲜的活力和强大的张力，而经济的增长和稳固会为城市的崛起提供强劲的动力和坚实的支撑。可以说，在城市的发展与繁荣的过程中，既要始终把文化作为一切力量之源泉精心培育，也要坚持把经济作为一切发展之动力着力打造，二者缺一不可。邯郸作为冀南大地的一片沃土，有国家级中原经济区，是中原经济区北部中心城市，有省级冀南新区，是冀南新区所在地，从宏观政策的高度奠定了经济未来腾飞的基础，邯郸多种农业、工业、制造业、旅游业，为邯郸打造宜居、宜业、宜游城市创造了良好的条件。

（3）四通八达的交通通信条件。邯郸地处华北平原腹地，高铁、铁路、公路，火车、汽车、飞机应有尽有，四处联通，平原障碍物少，通信事业发达，有利于建立外部联系。

（二）邯郸发展的劣势

（1）位于京津冀经济圈的末端，是京津释放城市压力的地方，虽然能够融入京津冀经济圈，但张力较小。

（2）资源优势渐渐缺乏。在一个区域发展的初级阶段，尤其是在粗放型经济占主导地位的时期，资源是影响该地区经济发展的重要因素。邯郸原来的自然资源渐渐开采完毕，其他各种资源趋于匮乏，人才流失严重，集聚能量的能力偏弱。

（3）传统思想根深蒂固，创新意识不强。一方面邯郸深厚的文化积淀已渐渐消失，对现代邯郸人的影响也有所减弱，有些非物质文化遗产已无传承人，历史文化璀璨既是一笔巨大的财富，同时也形成了邯郸人思想守旧、小富即安等个性特征，整个社会趋于保守，缺乏开拓进取精神，创新意识淡薄。这些思想观念无疑与现代城市理念是格格不入的，成为制约发展的重要因素。

（4）地处内陆，城市规模小，总体经济水平比较落后。邯郸地属内陆，发展水平落后，既没有一线、二线城市的人才、科技优势，也没有一线、二线城市的经济、社会、交通、通信事业的发展水平，这给邯郸进一步拓展城市活力带来阻障。

（三）邯郸发展机遇

（1）区域经济一体化的发展态势。京津冀一体化为邯郸发展带来新机遇，应紧紧抓住这个机遇，争取合作项目，发挥自身优势，在全省争位次，在全国创品牌，树立新形象目标。

邯郸作为较大的城市，最大的优势在于其深厚的文化底蕴。在倡导文化自信的今天，文化作为软实力的根基越来越受到重视，而在未来发展中也将越来越彰显力量。

（2）调整产业结构，发挥自身优势，尤其是大力发展文化战略，利于发挥邯郸潜在的优势。在经过了以粗放型经济发展为主的发展模式，经济总量已初具规模后，从宏观经济层面，中国的发展进入了结构调整，大力发展第三产业的关键历史时期。党的十八届三中全会更是进一步确立了大力发展文化产业的新思路。和发达国家相比，我国的文化产业所占的比例还很低，在新一类的产业调整过程中，文化产业的地位将日趋凸显。邯郸有着得天独厚的文化资源，城市历史悠久，文风昌盛，成语典故众多，革命文化、红色文化遍地开花，史上名人数不胜数，成为国家历史文化名城，享有很高盛誉。应适时制定切实可行的政策，大力发展文化产业。

（四）邯郸发展的潜在威胁

（1）马太效应对经济落后区域的影响。城市的马太效应就是指由于每个城市的要素和质量不同，资源积累深厚不同，有优势的城市变得更有优势，大城市变得更大、人口更多，更有就业空间，更发达，更有竞争力；相对缺少优势的城市变得更没有优势，城市相对容量变得更小，相对人口更少，就业机会更少、更贫困、更无竞争能力，从而使优势的城市，特别是大城市更优势，并在一定程度上，限制了劣势城市的发展速度和质量，让劣势的城市更劣势，甚至造成城市化的贫困区。有的学者认为，按照城市的马太效应理论，城市圈中大中小城市的“吸引与辐射”其本质是“掠夺和排斥”，因此，依托大城市为中心组建区域城市圈的城市化，其大城市带动周边中小城市在良性互动中共同发展，只是理论上的一厢情愿，其实质是在不良竞争中按城市马太效应规律作用。

邯郸无论经济总量和总体实力都缺乏竞争力，在与外部融合的过程中，如何避免马太效应的影响，是不得不面对的问题。

(2) 日趋激烈的区域竞争。在资源调剂、功能配置、市场覆盖、政策争取有限的情况下，区域竞争具有排他性，一个地区发展上去了，周边地区人流、物流和资金流就会被吸引走。因此，要在区域激烈竞争中赢得先机，牢牢掌握发展主动权。邯郸工业经济一直处在奋起直追的状态中，在日趋激烈的区域竞争中，必须注重并善于从变化的形势中捕捉和把握难得的发展机遇，加快培育经济发展新的增长极，才能在激烈的竞争中占有一席之地。

(3) 产业结构不合理的短板。邯郸市经济发展“一钢独大”，制造业较强，而这方面的资源却依靠从外在运送购入，一是资源的缺位，二是结构不甚合理。产业机构分布不尽合理，势必会形成城市发展滞障。改革开放以来，邯郸工业规模不断扩张，工业门类日益齐全，产品质量稳步提升，初步形成了工业体系；但第三产业在整个经济中占的比重还比较低，服务行业的层次还比较低，现代旅游业发展较慢，文化产业的发展还有很大的提升空间，邯郸产业结构的调整和优化的任务仍然非常艰巨。

第二节　构建城市活力的模式比较与分析

城市活力是城市发展质量的综合表现形态，是城市经济肌体微观主体的高新陈代谢和宏观高成长性相结合的状态。城市的活力在产业结构上，表现为产业的引领力与竞争力、产业类型的多样性以及耦合力；城市活力在市场主体上，表现为市场主体的多样性以及个体（企业）强烈的竞争意识、成长冲动和创新动力；城市活力在市场机制上，表现为市场体制的有效性和渗透力、各类市场化资源的可获得性以及市场环境的公平性、企业的正常新陈代谢机制受到尊重且免受非市场因素干扰；城市活力在社会氛围上，表现为对新生事物的亲近感和对多样性的包容力、居民对整个城市的认可度；城市活力在政府施政上，表现为政府对公共需求的发现力、政府运行的公信力、政府执行的效能以及社会资源的激发和调控能力。

在仲量联行独家最新发布的城市发展动力指数（City Momentum Index，CMI）中，仲量联行超越传统的、静态经济实力排名，并深入研究影响城市发展根本的驱动因素。仲量联行的全球研究部董事 Jeremy Kelly 曾表示：“城市发展动力不仅仅局限于 GDP 的增长，对于具有高度活力的城市而言，真正支撑城市发展的基础来自于多种因素，比如包括创新和开辟前沿业务的速度、房地产价格变动、新建筑物的建造以及跨国投资者或者企业在房地产领域的投资等。

新推出的城市动量指数从全新以及全方位的独特视角，明确界定出城市变化的信号以及城市发展动力特征。通过重点关注城市未来发展所需的关键性因素，城市发展动力指数与大多数指标所赖以存在的传统标准式绩效评价之间存在显著差异。城市发展动力指数有针对性地对基础设施、交通的便捷性以及创新领域展现出的活力进行综合的评测，而这将对未来的许多投资或者选址决策产生指导性的作用。当然，投资者和企业仍应清醒地意识到一点，即强劲势头可能会带来机遇与风险共存的局面。

以下以 2014 年全球城市活力榜前 20 名中 5 个具有代表性的大城市旧金山、伦敦、中国香港、新加坡和巴西利亚为例，从产业结构、社会氛围、政府施政等几个方面对上述 5 个城市的城市活力进行综合分析。

(1) 旧金山。在产业结构方面，以制造业为例，按照城市的发展规律，在一定的条件下工业化城市要向后工业化城市逐渐转变，而在此转变过程中城市的产业结构与空间的布局均会出现较大的调整或变化，尤其是制造业，更是面临巨大的生存挑战。而旧金山制造业在城市发展转变进程中却得到了很好的调整和适应，从工业城市向后工业城市变迁的进程中，制造业的产业结构与空间布局均随着城市的发展而不断变化，呈现出较为清晰的转变轨迹，尤其是在 20 世纪 80 年代后，旧金山的制造业呈现出了全新的面貌，主要表现为：第一，与工业化时期相比，产业结构已经发生了明显的变化，旧金山已发展成为现代城市多元经济的重要组成部分；第二，旧金山的很多企业都经历了技术的更新，在生产过程中运用新技术，产品的信息和知识含量大大增加；第三，旧金山的企业规模一般较小，这样可以适应多层的建筑而不必新建单层大型厂房，大大节约了土地资源；第四，采用柔性制造方式，同时受到阶层、种族以及文化多元化等影响，旧金山制造业不断调整管理与生产策略，依据客户要求实现了定制以及小批量的生产方式；第五，进一步向旧金山东部工业区聚集，实现了城市的资源的整合优化。在社会氛围上，以旧金山市民的居住幸福指数来说，有一项调查显示：大多数旧金山居民都对自己居住在旧金山“感到非常的满意”，这其中包括了 87% 的同性恋者、81% 的异性恋者、81% 的白人、77% 的亚裔以及 77% 的非裔和西裔。这充分地揭示了一个事实，旧金山是一个地道的崇尚“多元化”的城市。在这片土地上，任何的标新立异都不会招来旁人的侧目，每个人都可以是特立独行的楷模。

可以说旧金山的宽宏大度是一种浑然天成的气质，是在饮食、建筑、音乐等所有城市生活层面上不经意的自然流露。在这里，除了美味新鲜富于创意的加州菜之外，同时你也可以吃到全美国最好的法国大餐、意大利菜、日本料理或者中国美食；在这里，遍布全市的维多利亚式房屋令人赏心悦目，希腊罗马式的“艺术宫”、雕龙镂凤的唐人街城门、地道东洋味的日本城五重塔、北滩上漆着意大利彩画的餐馆让你流连忘返；在这里，各种你所期望的大城市中的艺术表演应有尽有，世界级的芭蕾舞、高雅的古典音乐、百老汇的音乐剧、缠绵悱恻的爵士乐，无分高下，共同浑然溶入旧金山的城市节拍之中。这一切都应验了美国作家威廉·萨洛扬所说的：“如果你还活着，旧金山不会使你厌倦；如果你已经死了，旧金山会让你起死回生。”正是这种兼容并包的城市精神，孕育了33位诺贝尔奖获得者，创造了硅谷千千万万奇迹般的成功故事；也是这座城市，给了我们“垮掉的一代”、“嬉皮士”革命、同性恋的示威，还有雅皮士。

（2）伦敦。在产业结构方面，当今社会围绕着时代的变化进行产业结构的调整已然成为国际大都市的必然选择，由于科技创新能力的提高促进了城市服务业的发展，使现代服务业同时兼备创造消费、引导消费、服务消费的功能，后工业社会大量的人力、物力、资本不是流入传统的工业、农业，而是流入服务性行业，服务业已然成为当今时代的主导产业，服务业在经济结构中所占比重越来越大，同时在国民生产总值中的贡献也越来越大。伦敦等国际大都市很好地把握住了产业结构调整的这样一个方向，完美地推动城市功能由生产型向服务型转变。这些城市相继建成以商业或金融服务业为代表的高度发达的第三产业，建成日趋完善的市场经济机制和以中央商务区（Central Business District，CBD）为代表的综合服务系统。据不完全统计，在进入20世纪90年代以来，这些国际大都市第三产业的从业人员占总从业人员的60%以上，而且社会服务业所占的比重更大，一般都超过30%。在第三产业成为城市支柱产业的同时，不断提高了这些城市服务于世界经济，从而影响、控制世界经济的能力。经过对传统产业的升级与改造，服务业已成为伦敦最大的就业部门，到20世纪80年代末服务业就业人数占就业总数的82%，伦敦的经济结构呈现出典型的后工业化社会特点。同时与后工业社会息息相关的金融、法律、咨询、会计、设计、广告、科学、高等教育以及卫生等专业服务业迅速发展，调查数据显示仅注册会计师就高达2万人。伦敦在金融保险业不被关注之时就大力发展金融保险业，使其逐渐成为伦敦金融优势地位的强有力的支撑。1989年伦敦金融保险业的就业人数达84.7万人，远远超过纽约、东京金融保险业的规模，已成为世界最大的国际保险市场。后工业化时代的伦敦，不仅仅服务业在产业结构中居于绝对优势的地位，而且出口也开始逐渐转向以无形贸易为主。在英国制造业日益萎缩，在有形贸易赤字居高不下的情况下，伦敦服务业的出口为英国国际贸易收支平衡作出了巨大的贡献，仅律师、医疗服务、文化娱乐业带来的净收入就高达每年 27 亿多英镑，保险业对英国经济的贡献更高达每年 40 多亿英镑。伦敦从工业化时代的有形产品生产中心转化为后工业化时代无形产品的生产中心，在当前激烈的城市竞争格局中，保持了世界城市体系核心城市的位置。在社会氛围上，以市民的居住幸福指数为例，以一份调查数据来进行说明：韩国首尔福利财团和大韩民国艺术院曾以首尔、纽约、伦敦、巴黎等世界十大城市为调查对象，调查了市民的满意度，伦敦以 76.7 分排名第四，最高分城市斯德哥尔摩以 80.1 分位居第一名。

（3）中国香港。在产业结构方面，时至今日，香港已成为世界第 11 大贸易实体，以对外银行交易量计算，香港是世界上第 15 大银行中心，信用等级为 Aa1 级。2012 年，中国社科院公布 294 座城市的竞争力排行，香港连续十年位居榜首，香港的金融行业以及专业服务业是中国城市中最优秀的，在贸易以及法制等方面拥有明显的优势。香港拥有全球最繁忙的货运港口，同时还是主要的黄金交易中心，曾连续两年被瑞士洛桑国际管理发展学院评级为全球竞争力排名第一的经济体系。纵观各产业，以服务业占本地总产值比重最高，以 2008 年的数据为例，2008 年为 92.3%，其中金融、保险、地产及商用服务业占国内生产总值的 29.1%，批发、零售、进口与出口贸易、饮食及酒店业占 26.9%，社区、社会及个人服务业占 17.1%。2008 年服务输出总值达 923 亿美元，占本地生产总值的 42.9%。输出服务主要包括商贸服务及贸易相关服务（占 2008 年服务输出总值的 30.3%）、运输服务（30.8%）及旅游服务（16.4%）。从政府施政方面，以公共服务管理为例，香港社会服务领域的状况主要是“政府统筹、社团管理、公民参与、法律监督”，在社会专业社会工作的过程中，香港很好地处理好了政府、民间社会机构以及公众之间的关系。在市场机制管理方面，香港政府对经济发展实行积极的不干预政策，具体来讲，是指政府在正常的情况下，对工商采取不扶助、不歧视、不鼓励、不支持以及不补贴的态度，当市场的调节或者配置失效时，出现严重失控或危机的时候，政府就要提出干预。积极的不干预政策对促进香港经济的发展起了十分重要的作用。香港经济属于高度自由竞争的资本主义经济，积极的不干预政策适应了市场在资源的配置中发挥基础性作用的特征。香港是一个法制完备的地区，各类经济活动既能自由竞争，又必须在法律规范下有序地进行，具备了市场经济有序发展的一般性法制条件，香港的经济基本上做到了活而不乱，政府干预的减少与此密切相关。

（4）新加坡。在产业结构方面，几十年来新加坡坚持产业集群的发展理念，且选择了一些符合自身实际情况的产业来加以发展，几十年间，新加坡先后进行了四次产业升级和转型。新加坡总的产业结构，从服务业、制造业等角度来看，实际上都相差不多，但是随着经济总量持续上升与扩大，就业相对越来越多。以新加坡的制造业为例，主要与四大产业集群，分别为电子、海事海洋、生物医药、化学，当然还包含石油化工等，从国际贸易来看，外贸已是新加坡国民经济重要支柱，进出口的商品主要包括石油产品、消费品、机器零件及附件、电信设备和药品等。其中主要的贸易伙伴有马来西亚、泰国、中国、日本、韩国、美国、印尼等。从政府施政方面，以政府公信力和政府执行效能为例，新加坡廉政排名位居亚洲第一位，世界第五位，先进的公共管理理念一度使得新加坡成为世界仰望的地方，管理理念先进，被誉为“全球生活素质最好的国家”，坚持以人为本，在规划中强调人与环境的协调，以满足居民生活为指南，强调服务优先，实现了由管理型方式向服务型方式的转变。采用科学的管理体制，严格公共管理，管理职能部门职责明确、协调有力，拥有严格的考评监督制度。

（5）巴西利亚。巴西利亚是作为巴西的新首都进行建设的，占地 150 平方公里，人口规模 50 万人。其总体规划方案采用设计竞赛（1957 年）方式，最终，巴西建筑师 L. 科斯塔（Lucio Costa）的方案当选。

巴西利亚位于果亚斯州广袤平坦的草原地带，用地近似三角形，两侧有两条河流汇合于一点，在河流的交汇处采用人工方法蓄水建成人工湖。L. 科斯塔的规划方案极为简洁，两条相互垂直的主轴线在城市中心交叉，是传统的“十”字形空间结构。一条轴线由火车站通过林荫大道把公共建筑串联起来；另一条轴线由北向南呈弓形，作为居住用地的结构轴线。整个规划方案简洁明了，整齐、几何形的大林荫道轴线与地形十分吻合而又与不规整的湖泊产生了生动的对比效果，创造了如画的景观，特别是东西向的公共轴线具有强烈的对称效果，把三权广场的地位推向了极致，充分地体现了作为首都需要的庄严、广阔和气势恢宏，这一方案的图形效果是对首都形象的极好表达。

巴西利亚市道路网以高速道路为主要骨架，汽车是交通系统的主体，其他道路把城市用地再分为专用街区和建筑区。居住用地分为两种完全不同的形式：一种为居住轴线上的格子状街坊，由公寓式住宅组成，呈带状分布；在外围靠近湖泊的三个宽阔的低密度居住区是高收入阶层的住所。作为首都，仅在火车站附近布置了较少的工业用地。

巴西利亚总平面具有许多功能方面的缺陷。在极度追求城市平面构图效果时牺牲了、丧失了城市的许多基本功能，造成了城市用地构成比例的失衡，带型模式在城市日常运转中是极不经济的。例如，在铁路机车库或核物理试验室工作的北部居民每天要往返50公里，如果加上傍晚参加游艇俱乐部或观看高尔夫球赛，则每天的路程要增加到70～80公里，这样的城市交通距离是极其少见的。它过分追求形式，对经济、文化、社会和传统较少考虑，与其说是个生活的城市，不如说是个机械的城市组合体，感觉空洞和缺乏生气，缺乏亲切宜人、雍容和蔼的气氛。1960年，随着总统府和政府的搬迁，巴西利亚作为首都开始运转，主要是依靠国家的支撑而生存，城市公用事业大大落后于规划时制定的标准，使城市处于一种“对富人来说还不够雅致和对穷人居住来说又不够便宜”的尴尬境地。如果说巴西利亚存在缺陷的话，那应该是由放弃“功能城市”的基本原则，追求纪念碑式构图效果的指导思想引起的。

综上所述，上述的几个城市在产业结构上有着很多的相似地方。在产业结构方面，产业结构多元化一个明显的特征，涉及的产业有服务业、金融、制造业等，这些产业一般都能够长时间内称为某个地区的主导产业；在政府施政方面，如中国香港和新加坡地区有着世界认可的政府执政能力，在政府公信力方面都靠近世界的前列，新加坡和我国香港的政府廉洁性分别为亚洲的第一名、第二名，政府的执政能力与廉洁性成为地区发展的支撑和动力；在社会氛围上，以居民的生活幸福指数为例，旧金山和伦敦已被世人认可为宜居城市，人们生活多姿多彩。

第三节　新型城市活力模式选择与构建

构建城市活力，促进城市发展已是当代不可改变的趋势，新兴城市活力模式的选择与构建应遵循以下几点：

首先，城市应尽量减少人为的干预活动，让市场充分发挥自己的力量。一个城市的城市活力构建应通过市场的力量来形成适合当地发展条件的最佳模式。市场的力量有利于市场层次结构的形成，同时有利于提高城市的发展速度。在选择城市发展模式的同时应时刻注意尽可能选择与工业化相适应的城市化模式来促进城市活力的构建，这是由于在传统的城市化与工业化的逻辑模型中，城市化与工业化有着优良的互动关系、相辅相成，工业化的提高为城市化提供了经济上的支持，同时城市化为工业化的发展提供了良好的空间依托。一般来讲，工业化有利于提高城市的劳动生产率，工业化的进程越大越有利于城市的推动，有利于第三产业的形成与发展，在此基础上整个城市的生产方式与生产模式都会得到很大的提高与改进；同时，从另一层次上讲，城市化发展模式可以保障工业化的发展，兼顾城市本身所具有的外部经济效益、大市场的吸引力以及聚合效益等，城市化的进程侧面的影响着工业化的进程，城市化与工业化的共同提高，最终的结果是促进整个城市的活力提高。

其次，构建城市的活力，应考虑到整个城市的人口构成，人口的构成可以侧面促进城市产业结构的多元化，可以显著促进第三产业的发展，同时还可以促进城市的消费需求，进而刺激城市的经济发展。受到城市人口复杂化的影响，为促进城市的发展应逐步构建城市产业结构的多元化，促进产业结构的调整，打破资源型产业的自我强化，促进单一发展的局面，可以实施的具体做法有：重点引进世界500强、全国500强企业和行业100强的企业投资城市。

重视和发展高新技术产业，努力进行技术创新、产业创新、制度创新。应重点发展包括信息技术在内的知识经济支柱型产业，尤其是重视科技创新的力量，发展自己的原有创新技术；大力发展第三产业，促进服务型产业的发展，以服务为口号打造符合本城市发展的新型产业；全方位发展人力资源，降低农业劳动人口，提高人口素质，这是因为任何一个城市多元化的进程都离不开知识的巨大推动力量。通过打造多元化的产业结构，促进市场主体的多样性以及市场主体的综合竞争能力、竞争冲动、创新能力。同时，在市场机制上，可增强市场主体的渗透能力，强化市场竞争的公平性，促进企业的发展与进步。

最后，大力发展城市基础设施建设。城市基础设施的完善有利于提高整个城市的幸福指数，提高居民生活的满意度。生活幸福指数的提高有益于提高整个城市对新生事物的接受能力、整个城市的包容能力，还可以提高整个城市居民对整个城市的认可度，进而提高城市政府的公信力与号召力，有益于城市健康的发展，有益于政府对城市资源的激发和调控能力，从而有益于提高整个城市的活力。

第四节 当代中国城市活力的营造

营造符合我国国情的新型城市活力，需要结合我国的实际国情，综合考虑到各方面的因素。首先是完善的市场机制和市场环境，其次是独立、灵活、敏锐、具有创业和创新精神的市场主体，最后是高效透明、维护市场公平秩序且与市场互补的政府。市场活力的提升是一个系统工程，需要在市场机制完善、市场环境优化、强化企业（特别是中小企业）的市场主体地位、规范政府行为等方面多做文章。具体做法如下：

第一，要充分发挥与利用城市组织和管理社会经济活动的巨大作用，就必须为城市内聚集的工商企业以及各种经济组织创造一个有利于发展的外部环境，在实行物价工资改革的前提下，保证城市经济得到飞速的发展，从计划经济体制到市场经济机制，从行业管理到政府行政机构管理等进行全面配套的系统性改革。

第二，要打破各种形式的垄断，营造一个更加有利于企业和消费者的经济环境，这就要求要从政府自身开始做起，扫除行政上的垄断，降低企业和个人的经营成本及生活成本；抑制基于市场自身缺陷产生的各种垄断行为，这种垄断包括市场垄断和自然垄断；着力强化对新兴产业中小企业发展的支持。众多新企业的创办可使最现代化和最具技术创新性质的经济部门得到发展，创办新企业可体现未来的经济。一方面是通过市场选择，建立起强健的促进本土新兴产业及其企业成长的机制，使其成长为引领世界产业发展潮流的引擎。这其中关键的一环便是在宏观产业政策和微观执行层面上重视新兴中小企业，扶新助新，以加速加快其成长。更具体的做法可以是将对中小企业的支持提到更大的高度，让所有的相关政府部门参与进去，在金融、技术创新、税收、行业调整、公平竞争、破产防范与保护等领域完善对中小企业支持的配套政策，为它们营造一个更加稳定且长期的增长环境，鼓励资本投入和带动生产率的提高，帮助他们熟练地掌握适应未来需要的新知识以及新技能。与此同时，还应进一步加强政策扶持和完善对中小企业的引导工作，从市场制度设计以及财政途径上丰富对中小企业支持的内容与完善、增加对中小企业支持的形式。

第三，规范政府行为，提高服务质量，优化城市管理体制。相关研究显示，纽约、伦敦、东京、新加坡和我国香港等国际大都市的政府透明度、政府管理效率、社会诚信体系、知识产权保护等指标的发育程度都相对较高。政府提供的服务质量不应因所有制和企业规模而有所差异。政府的行为应是可预测的，不能朝令夕改。应给企业和市场一个稳定的预期，减轻企业系统外的经营性风险，从而减少其短期行为，增强其市场行为的规范性和收益的稳定性。这就要求政府要树立一种服务型的理念，以构建和谐社会为背景，实行服务行政，公务员要摆脱传统行政中的权力至上的观念，要时刻整合和表达公共利益，帮助公民实现公共利益，时刻树立民主和服务的观念，强化公共服务。事实证明，将政府职能转化为服务型更加有利于经济的发展，要认识到转变政府职能不是对政府的否定和削弱，而是更好地实现社会的保障。与此同时，还要完善对政府职能的监督制度，通过有效的监督减少，使得政府行为与目标保持高度一致，建设完备的制度，使公众信任依赖现行的制度，愿意在制度框架下解决矛盾，对整个社会的基本面保持和谐稳定具有重要意义。因此，要做到：（1）要认真落实政府信息公开制度，政府应及时公开信息，使得权力在阳光下行使，取得人民的信任；（2）要全面落实监督制度，不受约束的权力必然导致腐败，完善监督约束制度，强化社会公众的监督是必然的。

第四，从社会层面，应首先提高人民的生活水平，保证人们的生活质量，提高人们的活动效率，将人的幸福指数作为评价城市发展的一个重要指标，从而发挥最大的主观能动性，为城市的发展注入新的生机和力量。扩大科技、教育、环境等领域的投入，高度重视科技的转化能力，促进企业与科研机构的联合，促进城市发展螺旋上升。保持健康有序的社会秩序，保证城市的健康发展。其次，实施更加积极的就业政策，形成促进就业的综合政策体系，创造更多的就业机会，促进创业带动就业，围绕产业结构调整和经济发展方式的转变，促进就业方式转变，在发展资本密集、高技术制造业的过程中，兼顾劳动密集型企业；大力发展第三产业，以产业结构升级带动就业结构改善，扩大稳定就业的比例，提高经济增长对就业的吸纳能力和人力资本要素对 GDP 增长的贡献，实现人力资源的合理配置，促进创业带动就业，完善并落实鼓励创业的各项扶持政策，优化创业环境，加强创业意识教育，建立健全服务体系，扶持更多劳动者自谋职业、自主创业，提高创业成功率。

第五，从城市方面，要认识到城市的存在是以对外交流为前提的，加大对外的交流沟通有利于获得与自己相关的产业资源，如先进的管理制度、思想等。要主动加快城市参与经济区域一体化与经济全球化的进程，开放市场，尤其是重视城市与国际间的交流沟通与协作；要扩大针对城市的宣传，提高整个城市的知名度。实行更加积极的就业政策，促进更多的就业机会，促进创业带动就业的发展。促进产业结构向更加有利的方向调整，大力发展第三产业，以产业结构升级带动产业结构转变，合理利用人力资源，完善落实各项优惠政策，优化创业环境，扶持更多的劳动者自谋职业、自主创业。进一步调整产业结构，保护和促进产业集群，合理运用财政政策，引导企业提高自身素质，扩大规模，带动城市由内到外的生机与活力。每个城市要结合自身的发展优势，培育和发展符合自身实际情况的优势产业，为产业集群提供全方位的服务，以推动优势产业的进一步集群。

人类社会发展到21世纪，城市的发展越来越引起人们的关注，人们在走过了许多弯路、经历了挫折和失败后，逐渐形成了一些共识：城市的发展应该更人性化和个性化；应该注意保护城市的历史遗产；注意城市的环境保护和营造，重视城市的可持续发展。这些应该是未来城市的建设和发展应该遵循的基本原则。

第七章　结论与展望

城市的发展与完善是社会进步和发展的标志，城市从无到有、从有到优会经历一个艰辛的过程。城市的初步发展是经济力的推动，是人们向往更好的生活；而城市进一步发展和特质的推进，更需要文化宏大和文化软实力的增强，基于文化社会学的城市活力构建应该注重文化力的发掘与弘扬。

一、隐性的城市魅力：文化的城市

城市首先是一个空间概念，是带有一定区域性的范围，城市的形成与发展离不开时间，因此，任何一个城市都是空间与时间的交汇。从显性的角度来说，城市是一个空间的融合，是由区域、土地、大树、大楼、大街、天空等空间概念集合而成的，这是任何一个城市都具有的，在很多方面也都是相同的，那么，如何区分一个城市与另一个城市呢，如何让城市之间更具有对比性，所在的城市更优于另一座城市呢？那一定要从根基上去寻求，这个根基就是积淀历史文化和新时代文化碰撞、融合的向上力量。城市在动态发展，其时光流逝中有些一闪而过，有些永久留存，一闪而过的、匆匆逝去的可能不予记忆，对于城市发展也只是过客；永久留存的就是城市流转中形成的文化价值的凝练，包括有形和无形的文化产物，比如价值取向、人文精神，这些可以称作活态文化，历史古迹、传说故事、生活方式遗存等，这些称作固态文化。城市的历史留下城市这些独有的文化脉络，它们或者是有形的建筑、诗篇、风俗礼仪，成为人们生活延续的基础，或者是无形的都市气质、生活理念和精神取向，构成了城市物质世界中的“真实城市”（有形城市）和“看不见的城市”（无形城市）的共同体，这是一个城市的两个方面，而不是两个城市。在这个有形与无形中，有形可以扩充，可以换面貌，可以有一个稳定的地域概念；无形给予城市中的人们不断传承的记忆，让你记住历史，记住祖先，记住规矩，记住精神约束，记住良好的民风民俗。在有形无形中，其城市实质的反应，即为该城市的灵魂，是文化与精神。因此，任何一座城市，都是一种文化，城市是文化的容器，文化是城市的名片，城市的历史就是一部城市的文化史。

在科学技术日新月异的今天，城市的发展速度也很惊人，推倒的楼房、开挖的道路、建起的各形各样的馆所，承载着城市的现代风格与气派。在许多城市的外形开拓中，硬件设施得到新颖改善之后，却发现所建起的这些硬件好似在哪都见过，如广场的雕塑、楼房的形状、街道的颜色等。相互复制与赶超造就了城市的雷同。现代化为城市未来建设与发展提供的是物质追逐，城市翻新成为现代化进程中的关键一环，一些城市不断摧毁所留存的文物古迹，为高速公路、摩天大厦或者是现代购物中心腾出空间，以此作为城市现代化的标志。全球化时代的城市，似乎拥有越来越多相似的面孔，但如此相似的结果并没有多少实质性的意义。相似性无法成为城市凝聚力和吸引力的源泉，既然此处似他乡，硬件的差异被抹平，区位的选择将不会再以硬件设备作为主要标准。

但是，文化力的激发来得相对缓慢持久，这样的软性要素的开发并不像硬件设施那么轻易，文化不会像硬件设施一样可以去重复建设，可以去模仿，可以去复制，文化甚至都不能完全再现，经过了时间积累和精神积淀的文化复杂而多样，不可能简单到靠一个仪器（挖土机或吊车）就能复制出来，文化在历史的荡涤中经历了优劣选择、有用与无用选择、倡导与反对选择等，有些已深入骨髓，即使复制其他城市文化，也是画龙似虎，复制了图像却复制不了脉系。城市越来越会发现割断自身文脉、成为一个亦步亦趋的模仿者所面对的尴尬与被动：城市失去了自我认同的基础，没有个性，也放弃了可以创造性发展自己的机会，因为城市文脉的重要性在于它为人们提供了心理定位，帮助人们把握整个城市的独特意境，它们使生活得以延续，使城市得以独一无二。例如，巴黎之所以是巴黎，之所以“永不沉没”，主要是因为它保存有世界一流的古建筑和藏品丰富的博物馆，让人们崇敬和向往；伦敦之所以是伦敦，之所以被称为“不屈不挠”的城市，是因为这个城市保有第二次世界大战时期英勇抗敌的集体记忆；上海之所以是上海，之所以成为“东方明珠”，在于它兼容并包、锐意进取的海派文化所铸就的独特风格。

因而，对任何城市来说，城市文脉是城市独一无二的个性化资产，也是人文要素的关键。发达国家的许多城市在这方面已经有了现实的教训和经验。事实上，众多西方城市的更新是通过开发城市文脉实现的，因为工业化时代的制造业已经迁离旧城区，信息时代的金融服务业对属地的依赖性逐步下降，从而成为流动的“无根产业”，大量的人口与企业的流失使得城市建筑业濒临困境，历史文脉的地域性特征使城市借助文化经营来振兴老市区和适应后工业服务型机会成为相对可行的选择。对城市文化的挖掘与整理成为城市更新的重要工作，例如通过主题公园、博物馆、历史建筑维护等方式展示城市特色和精神风貌，通过文化节日吸引本地居民与外来游客等。最为重要的是，人文要素的传承与发扬需要发挥生活在城市里的人们的主动积极性。应给予市民表现和提高其文化素养的机会和舞台，使人们通过对市民素质的感受和理解来领悟城市的文化内涵与城市精神。

二、现实中的城市文脉：市民生态

城市文脉的传承需要整个城市全体市民的努力。城市是一个大剧场，生活于其中的人们的心理状态和行为举止描述了城市现实的生活状态。城市的价值观念、生活时尚、风俗习惯、礼仪服饰、语言行为、交往方式等不仅受到历史文化的影响，而且还在人们的互动过程中被不断创造和发展。现实社会的市民生态作为富有生命力的文化现象，对整个城市的发展来说既是过程也是结果。一个良好的市民生态将为城市发展提供要素基础和精神支持，而城市发展的最终目的在于创造更加良好的市民生态。

在著名社会学家齐美尔看来，“都市生活的心理基础包含在强烈刺激的紧张之中，这种紧张产生于内部和外部刺激快速而持续的变化。街道纵横，经济、职业和社会生活发展的速度与多样性，表明了城市在精神生活的感性基础上与小镇、乡村生活有着深刻的对比”。都市的“场所精神”是社会文化生活在人们心理的折射和积累。不同城市发展过程中的节奏与多样性导致城市“场所精神”的差异，城市文化风格最终呈现出丰富多彩的局面，例如，北京的大气、上海的敏锐、苏州的精致、成都的悠闲、杭州的娴静等，不一而足。“城市就像一个人，有自身的形象和内涵。具有特殊文化品格和精神气质的城市，无疑是最具吸引力而令人难忘的”。

城市居民的行为举止是城市文化风格的外在表现，例如，市民的行动公约、职业道德规范、伦理道德观念、法制观念、邻里交往习俗、社会危机处理方案等。人们通过市民行为来对自己心目中的城市进行定义。“一个好的地方，就是通过一些人以及其文化都非常恰当的方法，使得人能了解自己的社区、自己的过去、社会网络，以及其中所包含的时间和空间的世界。这些象征符号不仅是特定文化的产物，也表达了共同的生命体验，例如：冷和热、明和暗、高和低、大和小、生和死、动与静、关心和忽略、干净与肮脏、自由与限制”。最为简单的例子是，同样是拥挤的城市，等车的人是否按秩序上车，上车的人是否主动让座，都会给人们留下这个城市或好或坏的印象。无论是居住在城里的人还是暂时停留在这个城市的人，人们对一个城市的感情，与人们在这个城市的记忆与经历密切相关，这种感情带有个人色彩，同时也带有对城市市民集体性行为特征的评价，这种评价影响着个人与各种社会组织对城市的选择，进而影响到城市的发展机会。

总体而言，良好的市民生态对城市的发展目标来说具有长远的意义。由人们的心理特征与行为习惯造就的城市文化有助于城市形成积极向上、团结互助的生活氛围，从而保证城市社会的稳定与发展。基于城市文化认同的各种文化项目能够促进人们的参与意识和归属愿望，进而促进城市的内生增长。城市的文化交往，表现出文化的生命力、适应性和亲和力，转化成社会关系和社会交往，通过物质赋形，影响着城市发展的途径与结果。

在城市竞争日益激烈的时代，城市的文化自觉意识为城市在城市群落中建立自己的地位提供了支持，许多城市已经将发展文化作为城市发展的重要途径。例如，上海提出了“世界一流城市，必须有世界一流的文化，必须有世界一流的文化设施”的建设方针，申办世博会即是这一发展思想的具体表现。世博会既能发扬上海兼收并蓄的海派开放风格，又能通过文化的冲击与碰撞促进上海的城市文化的发展。

为实现城市以文化带动发展的战略目标，对市民生态加以分析和引导成为城市政府与社会各界协同努力的方向。一些城市通过倡导良好的行为规范来改善市民生态，例如，建立市民行为规则或者是公共场所公约等；一些城市通过城市杂志或者报纸的形式，对城市的日常生活加以记录和讨论，建立城市生活的公共论坛；还有一些城市通过广场文化、商业街文化的开发让人们通过“城市客厅”了解城市、展示自己。对于21世纪的城市来说，成功的城市必然是文化成功的城市。“文化不仅仅代表着各种文化产品，更意味着生活、表达、思考和学习的方式。文化已成为城市发展战略的主轴，经济、社会、技术和教育战略与文化的关联越来越密切。在未来的竞争中，信息与知识是地方经济可持续发展的关键，只有那些学会了如何战胜文化挑战的城市才能得到最佳的发展。”

三、城市屹立的强劲支撑：城市精神

城市的价值在于它能够为人们带来更好的生活，正如芒福德所说："人们为了生活聚居在城市，为了更好的生活而留在城市。"但是城市的发展需要有城市的文化资产来创造和维持。城市精神作为城市文化的高度抽象和精练总结，是一个城市的发展根系。城市精神集中反映了城市发展过程中的生存理念和文化特性，能对生活于其中的人们产生同化和支持的作用，是人们在社会生活中所共同拥有的价值观念，也是推动城市实现生产力持续发展的巨大力量。

城市的发展，归根结底是要调动人的积极性和主动性，人是靠精神来支撑的，城市的发展也要靠强劲的精神来支撑，精神力就成了城市活力、城市屹立和城市未来发展的重要力量。城市精神是城市发展中积累的、长期蕴育的，它可以从人们的内心世界来引导、规范、激励和改善人们的行为方式，为城市的发展提供精神动力和智力支持。一个城市的城市精神是一个城市城市价值的体现，城市追寻什么样的价值，就会蕴育什么样的精神，而精神的凝练需要城市人的认可，城市价值的实现对精神生活有不可估量的意义，城市自身作为重大的历史构成物，保持和建构着生活的动力，对城市生态和居民福利有着长远的影响。城市价值与城市精神总是相互促进、共同发展，城市精神作为城市历史与现实的融合体，是逐步培育发展起来的，能够得到市民的认同与共鸣，因而城市精神的定位需要从自身的文化资源和社会基础入手，并结合时代发展的趋势加以提练。随着时间的推移，城市精神也有不断充实与创新的需要，但与城市文化特性的密切结合是其真正生命力的源泉。

作为城市文化精华的城市精神，不仅是城市的内在，也是城市内在与外在的融合，这种融合体现在人们日常生活与行为之中，一个城市提倡什么样的城市精神，就会有与之相适应的举措来锻造城市人的行为规范，约束并强化与倡导的一致性，在此基础上，城市领导者还会通过一系列活动，比如举办博览会、贸易会或文化节等主题活动，展现城市精神，通过引进来而确定城市精神并将其扩展，这样，通过这些活动的举办，不仅能够让外来人士有机会了解自己的城市和城市精神，还可以通过城市特色音乐、饮食、艺术品的展示、众多社团的参与和广大市民的支持，达到弘扬城市文化精神的目标，在潜移默化中提高广大市民对城市、城市文化、城市精神的自觉意识，从而提高市民素质，反过来，市民素质的培养与提升又将进一步提高城市对外来认识的吸引力。

四、城市发展的未来趋势：城市文化的发掘与弘扬

一个城市永远有活力的发展，不仅是国家和城市的期待和努力，也是市民的需要和期盼。城市的延续不仅有经济社会发展的重要指标，更有城市文化的推进与扩展。像邯郸这样的城市，文化脉系虽然很多，但是精华和精髓还需要进一步凝练，在倡导中还要强化核心，避免分散和不集中，由此，城市未来发展中，起重要作用的是对城市文化的发掘与弘扬。在城市文化发掘中，城市人文要素的开发是必须的，城市人文要素的开发有固态和活态的积累，表现为固态文化和活态文化，通过固态和活态文化的浸润，升华为城市文化的内核。城市人文要素通过城市布局与基础设施、市民素质、政府政务风格等表现出来，实际上就是固态和活态文化的展示，这需要一个长期投入、策划与打造。城市文化遗产的保护、文化产业的发展、市民价值观和思想意识都是城市人文的重要要素，都需要一个凝练升华的过程。

城市文化的发掘与弘扬，不仅可以传扬健康向上的城市精神，还可以凝聚城市人心，城市人正是在一定的城市文化和城市精神的熏陶下，才能够达成共识而团结一致，才能在建设城市过程中，心齐干劲足，像邯郸市创建文明城市过程中所展现出来的团结一致的奋斗精神和干劲，正是邯郸市文化凝聚的体现。

参 考 文 献

[1] 蒋涤非，李璟兮．当代城市活力营造的若干思考［J］．新建筑，2016（1）：21～25.

[2] 宋振庆．中国城市综合体竞争力指数：丈量城市活力［N］．中国房地产报，2012-08-23（B03）．

[3]“老城市·大机遇·新活力”［N］．中国社会科学报，2019-11-11（008）．

[4] 王玉，黄丽华．城市更新中的街区活力激发与保护——以广州市为例［J］．城市观察，2019（5）：29～36.

[5] 张克元．基于企业影响力的京津冀城市活力发展现状分析［J］．产业与科技论坛，2019，18（16）：87～88.

[6] 梅明蕾．新兴职业彰显城市活力［N］．长江日报，2019-11-26（005）．

[7] 郎嵬，克里斯托弗·约翰·韦伯斯特．紧凑下的活力城市：凯文·林奇的城市形态理论在香港的解读［J］．国际城市规划，2017，32（3）：28～33.

[8] Ilaria Zambon，Luca Salvati. Metropolitan growth，urban cycles and housing in a Mediterranean country，1910s-2010s［J］. Cities，2019，95.

[9] 郭鑫，苏海龙，虞燕．消费社会背景下的城市活力塑造［J］．城市观察，2019.

[10] Lu Yi. Using Google Street View to investigate the association between street greenery and physical activity［J］. Landscape and Urban Planning，2019，191.

[11] 董慧．城市扩张：活力与焦虑的双重逻辑及其应对［J］．甘肃社会科学，2019（5）：42～48.

[12] 荣丽莹．济南城市活力中心空间关系研究［D］．济南：山东建筑大学，2019.

[13] 张莹．城市街区活力测度及影响机制研究［D］．武汉：武汉大学，2019.

[14] 黎治同．文化中心公共空间活力营造研究［D］．南京：东南大学，2018.

[15] 王云竹．城市文脉延续下的长春近代公共空间景观更新策略研究［D］．长春：吉林建筑大学，2018.

[16] 张梦琪．城市活力的分析与评价［D］．武汉：武汉大学，2018.

附　录

附录一

基于文化社会学的城市活力研究调查问卷

城市活力是旺盛生命力的表征，是城市发展的基本态势，也是城市发展的无限动能。河北省邯郸市以其独有的特质，彰显着自身活力与光辉。这种独特城市活力与魅力如何显现？如何持久？既是对自身反思与成长的需求，更是对其他城市带动的效用与影响。本次调查的范围为市区内各阶层市民，依据随机抽样的方式选定 1000 人，采取不记名问卷调查的形式。请大家根据自己的实际情况认真回答如下问题，非常感谢您的支持！

一、基本情况

1. 您的性别是________。

   A. 男　　B. 女

2. 您的年龄是________。

3. 您的文化程度是________。

   A. 研究生　　B. 本科　　C. 大专
   D. 高中　　E. 初中　　F. 小学及以下
   G. 其他

4. 您的爱好是________。

5. 您的婚姻状况________。

   A. 未婚　　B. 已婚

6. 您目前的职业是________。

   A. 农民　　B. 金融业人员　　C. 卫生部门人员
   D. 科学文化艺术人员　　E. 商业人员　　F. 服务业人员
   G. 教育部门人员　　H. 军人及公检法人员　　I. 企业人员
   J. 建筑业人员　　K. 行政机关人员　　L. 交通运输业人员
   M. 个体经营者　　N. 邮电通信业人员　　O. 其他职业人员

7. 您在邯郸居住________年。

A. 3～5年　　B. 5～10年　　C. 10～20年

D. 20年以上

二、市民对城市的了解度

1. 您是否对邯郸的情况很了解________。

A. 是　　B. 一般　　C. 不太了解

2. 邯郸有________年历史。

3. 有关邯郸的荣誉称号您能说出________个，分别是________。

4. 邯郸包含________个乡，________个村，人口________。

5. 邯郸的旅游景点大约________个，著名的________个，您能说出________个，分别是________。

6. 邯郸的文化特点是________，最突出的是________。

7. 河北经济圈中，邯郸占有什么位置________。

8. 邯郸有没有国家一级保护动物________，分别是________。

9. 邯郸有多少民族________，人口最多的是________。

10. 邯郸优势行业有________个，分别是________。

11. 邯郸的经济发展在河北省处于什么位置________。

12. 您能说出邯郸的历史名人吗________，能说出________个，请说一下________。

13. 您对邯郸每年的大型活动了解吗________。

A. 知道　　B. 听说过　　C. 参加

D. 不清楚

14. 邯郸每年的大型文化活动是________。

15. 您最远到过河北的什么地方________，使用什么交通工具________。

16. 您最远到过全国的什么地方________，使用什么交通工具________。

17. 您了解国家非物质文化遗产吗________。

A. 完全了解　　B. 听说过　　C. 不太清楚

18. 邯郸有国家非物质文化遗产吗________。

19. 您了解的祖籍邯郸的最著名人物是________，什么时代的________。

20. 简单描述一个你心目中的邯郸________。

三、城市特质对市民的影响

1. 您在邯郸生活幸福吗________。

A. 是 B. 否

2. 在邯郸最吸引您的是邯郸的________，为什么________。
3. 您参加的对您印象最深的邯郸的市级活动是________。
4. 您有离开邯郸的计划吗________，为什么________。
5. 您得到过邯郸的市奖励吗________，为什么________。
6. 您最热爱邯郸的什么方面________，为什么________。
7. 邯郸的非物质文化遗产有哪些________，您最喜欢的是什么________。
8. 邯郸的状况和您生活的关系________。

A. 非常密切 B. 一般 C. 不密切

9. 如果您是外地来的人，您认为邯郸可以作为终生生活的城市吗________。

A. 是 B. 一般 C. 不是

10. 您对邯郸的经济发展满意吗________。

A. 非常满意 B. 满意 C. 基本满意

D 不满意

11. 您对市委、市政府政令执行情况________。

A. 完全执行 B. 部分执行 C. 一律不听

12. 您经常到本地景点旅游吗________。

A. 是 B. 一般 C. 不是

13. 邯郸的哪些方面改变了您的生活、观念、精神状态等________。
14. 邯郸文化中值得弘扬的您认为首选是________。
15. 邯郸文化对您影响最大的是________。
16. 您认为邯郸的社会状况如何________。
17. 多民族交往中，您认为对您影响最大的是________。
18. 从邯郸到北京，您愿意选择什么交通工具________。
19. 您对邯郸现在的发展有什么建议________。
20. 您对现在的生活满意吗________，为什么________。
21. 您认为您自己的生活快乐吗________。

A. 快乐 B. 一般 C. 不快乐

22. 在邯郸生活的这些年，给您带来的影响________。

	影响很大	有一定影响	没有影响
个人生活			
家庭生活			
社会生活			

四、城市发展与城市活力问题

1. 如果对邯郸的未来发展请您提出意见或建议，您重点提的是________。
2. 您认为邯郸城市发展中的积极因素是________。
3. 您认为邯郸城市发展中的消极因素是________。
4. 与其他城市相比，您认为邯郸欠缺的是________。
5. 结合第 4 题，您给邯郸做一个补缺________。
6. 您认为邯郸作为城市有活力吗？您认为邯郸城市发展中的积极因素是________。
7. 如果有活力，表现在哪些方面________。
8. 如果请您给城市活力提出建议，您认为最应该提的是________。
9. 您对邯郸在本地、在全国的表现满意吗________。
10. 您认为如何将邯郸与其他城市，或更远的城市建立联结________。
11. 您对邯郸现在的宣传方式有何建议________。
12. 在未来发展中，您给邯郸提的完善建议是________。
13. 从文化的角度讲，邯郸的文化资源和文化普及应该从哪方面入手________。
14. 您认为阻碍邯郸发展的主要原因是________。
15. 请讲一个邯郸和您的故事________。
16. 您经常看报纸杂志吗________。

    A. 经常看　　B. 有时看

    C. 很少看　　D. 从不看
17. 从媒体看到邯郸的报道，您的反应是________。
18. 您经常到市里散步、游玩吗________，如果有，您有何建议________。
19. 请您对邯郸的社会现状做一个简要的评述________。
20. 请您对邯郸城市生机与活力的打造提出建议________。

调查结束，感谢您的配合！您有什么其他建议和要求，欢迎写在下面：

____

____

____

附录二

邯郸城市简介

邯郸，河北省省辖市，位于河北省南端，太行山东麓，西依太行山脉，东接华北平原，与晋、鲁、豫三省接壤，是国务院批准具有地方立法权的“较大的市”和市区人口超百万的大城市。全市现辖6区、1市、11县、1个国家级开发区和1个省级开发区，总面积12073.8平方公里，常住人口951.11万人；主城区面积2661.83平方公里，人口367.42万人。

邯郸位于晋冀鲁豫四省要冲和中原经济区腹心，有3100年的建城史。邯郸是华北地区和晋冀鲁豫四省区域重要的交通枢纽，境内铁路、高速公路、国道和各等级公路纵横交错，形成了发达的交通网络，交通便捷。邯郸是晋冀鲁豫四省交界区域唯一具备铁路、公路、航空交通的城市。

邯郸是国家历史文化名城，8000年前孕育了新石器早期的磁山文化；战国时期邯郸为赵国都城，魏县为魏国都城；汉代与洛阳、临淄、南阳、成都共享“五大都会”盛名；汉末曹魏在临漳建都，先后为曹魏、冉魏、前燕、东魏、北齐都城；北宋，大名府成为北宋陪都；清代，大名府为直隶省第一省会。

一、建制沿革

“邯郸”之名最早出现于古本《竹书纪年》。邯郸地名之由来，现一般以《汉书·地理志》中三国时魏国人张晏的注释为源：“邯郸山，在东城下，单，尽也，城廓从邑，故加邑云。”意思是说，邯郸的地名源于邯郸山，在邯郸的东城下，有一座山，名叫邯山，单，是山脉的尽头，邯山至此而尽，因此得名邯单。因为城廓从邑，故单旁加邑（阝）而成为邯郸。邯郸二字作为地名，3000年沿用不改，是中国地名文化的一个特例。

传说上古时期人类始祖女娲就在邯郸抟土造人、炼石补天。8000多年前，新石器早期的磁山先民就在这里繁衍、休养生息，开启了农业文明的新纪元。

邯郸的城邑肇起于商殷。在商代早期建都于邢（今邢台），后迁都于殷（今安阳）的数百年间，邯郸均为畿辅之地。古本《竹书纪年》中就有商末殷纣王在邯郸建“离宫别馆”的记载。至迟在殷纣王时期邯郸一名就已经出现，证实邯郸古城距今已有3100多年的建城历史。

邯郸之域在西周时属于卫国，春秋时为晋地，当时邯郸已是闻名遐迩的农业、手工业和商业比较发达的著名城邑。晋定公十二年（公元前500年），晋国正卿赵鞅（赵简子）已将邯郸纳入自己的势力范围，从此，邯郸便成了赵氏的世袭领地。战国时，赵敬侯元年（公元前386年）将赵都自中牟（今河南鹤壁西）迁徙到邯郸，邯郸作为赵国的都城历经八代王侯，延续了158年的繁华。特别是一代英主赵武灵王，开改革之先河，实行胡服骑射的军事改革，富国强兵，国势大盛，雄踞战国七强之列，使赵国成为可与强秦抗衡的国家之一。

秦始皇十九年（公元前228年）秦军破邯郸，赵王迁降秦，邯郸属秦国；二十六年（公元前221年）秦灭赵国；次年，秦始皇统一六国，将全国分为三十六郡，邯郸是邯郸郡的首府。汉高祖四年（公元前203年）立张耳为赵王，都城仍设邯郸，九年，刘邦封其爱子如意为赵王，并重建邯郸宫城，富丽堂皇的温明殿即建于此时。一直到西汉后期，邯郸城都有“富冠海内，天下名都”之称，除国都长安之外，与洛阳、临淄、成都、宛（南阳）齐享全国五大都会盛名，从战国到东汉，邯郸兴盛长达500年之久。

东汉末叶，豪强并起，割据混战，邯郸罹难兵燹灾祸，开始走向衰落。建安十八年（公元213年），汉献帝册封曹操为魏国公，于邺城建都。曹操在经济上实施屯田安民，大兴水利，营建魏都，开修道路。魏都的营建，以中轴为对称法则，著称于世，并修建了铜雀、金凤、冰井三台。西晋左思所作《魏都赋》正是描写了邺城此时的繁华景象。邺城的兴起导致黄河以北的政治、经济、军事、文化中心南移，邯郸此时沦为一般的县城，隶属于魏郡。三国魏黄初二年（公元221年）邯郸属广平郡，东晋后又改属魏郡。代之而勃兴的魏都邺城继而先后为后赵、冉魏、前燕、东魏、北齐的国都，前后历时364年，对于后世产生了极为深远的影响。

隋唐时，邯郸先后归属或复辖为洺州、磁州、武安郡和紫州，衰落而成蕞尔小县。曾盛极一时的邺城亦被焚为废墟，城毁人迁，一蹶不振。但邯郸东部的大名却在唐五代时悄然兴起。唐高祖武德四年（公元621年），作为魏州首府的大名已发展成为黄河以北较大区域的中心城市。公元758年大名建为魏博镇，后称魏州大名府。五代时，在大名设天雄军节度使。公元923年，李存勖在魏州（今大名）登上了皇帝宝座，史称后唐庄宗。

宋王朝建立后，宋太宗将天下分为十五路，邯郸县属河北路磁州，而大名为河北路治所（省府）。宋仁宗庆历二年（公元1042年），建大名为陪都，称北京。大名至馆陶一带是宋辽交兵的古战场，这里曾演绎过一幕幕威武雄壮的历史话剧。到金朝时，大名曾为藩国大齐的都城，公元1130年刘豫在此称帝。至元朝，这里仍为大名路总管府治，依然是邯郸东部的繁华重镇。

明太祖洪武元年（公元1368年），在全国设置十三省，邯郸县属北直隶省广平府。清朝因袭明制称直隶省，邯郸县仍属广平府管辖。明清时期邯郸一带的政治、经济中心是在广平府城（今永年老城）。民国初，废广平府，邯郸县属直隶省冀南道，1928年，直隶省改为河北省，邯郸县直归省辖。

在抗日战争、解放战争时期，邯郸是晋冀鲁豫根据地的中心地带。刘伯承、邓小平率八路军129师转战千里太行，创建了以邯郸为中心的晋冀鲁豫解放区，从此奠定了邯郸作为晋冀鲁豫四省接壤区域中心城市的基础。1945年10月5日邯郸城解放。从此这座饱经沧桑、历尽3000年盛衰荣辱的古城终于秋风萧瑟换人间。邯郸解放后，邯郸县城始建为邯郸市，直属晋冀鲁豫边区政府（政府设在邯郸市）。1949年3月，撤销邯郸市，降为邯郸镇，同年8月河北省人民政府成立，设立了邯郸专区，邯郸镇划归河北省邯郸专区管辖。

1949年10月1日中华人民共和国成立，邯郸镇仍为邯郸专区专署驻地。1952年12月22日，邯郸镇复升为邯郸市。1954年改省辖市。1956年峰峰市并入邯郸市。1983年邯郸县并入邯郸市。1984年改为省辖市。1986年武安县（后改市）划归邯郸市。1993年经国务院批准，撤销邯郸地区，实行地市合并，将邯郸地区所辖各县划归邯郸市管辖，称邯郸市。

2016年，《国务院关于同意河北省调整邯郸市部分行政区划的批复》（国函〔2016〕157号）：（1）同意撤销肥乡县，设立邯郸市肥乡区，以原肥乡县的行政区域为肥乡区的行政区域，肥乡区人民政府驻肥乡镇广安东路1号。（2）同意撤销永年县，设立邯郸市永年区，以原永年县的行政区域（不含南沿村镇、小西堡乡、姚寨乡）为永年区的行政区域，永年区人民政府驻临洺关镇洺洲大道25号。（3）同意撤销邯郸县，将原邯郸县的河沙镇镇、南堡乡、代召乡划归邯郸市邯山区管辖，将原邯郸县的尚璧镇、南吕固乡、兼庄乡、三陵乡划归邯郸市丛台区管辖。（4）同意将磁县的高臾镇、光禄镇、辛庄营乡、花官营乡、台城乡划归邯郸市邯山区管辖，将磁县的林坛镇、南城乡划归邯郸市复兴区管辖，将原永年县的南沿村镇、小西堡乡、姚寨乡划归邯郸市丛台区管辖。

2017年，邯郸市入选第五届全国文明城市。

二、行政区划

邯郸市现有6个市辖区、1个县级市、11个县。六区为丛台区、复兴区、邯山区、峰峰矿区、肥乡区、永年区；一市为武安市；十一个县为鸡泽县、邱县、曲周县、馆陶县、涉县、广平县、成安县、魏县、磁县、临漳县、大名县。全市共有105个镇、108个乡、30个街道办事处、528个社区居民委员会、5208个村民委员会。

三、地理环境

（1）位置境域。邯郸市地处河北省南端，太行山脉东麓。跨东经114°03′～114°40′，北纬36°20′～36°44′之间，西依太行山脉，东接华北平原，与晋、鲁、豫三省接壤。辖区广198公里，袤110公里。总面积12066平方公里，其中市区面积419平方公里。

（2）地形地貌。邯郸市地势自西向东呈阶梯状下降，高差悬殊，地貌类型复杂多样。以京广铁路为界，西部为中、低山丘陵地貌，东部为华北平原。海拔最高1898.7米，最低32.7米，相对高差1866米，总坡降为11.8‰。全市自西向东大致可分为五级阶梯：西北部中山区、西部低山区、中部低山丘陵区、中部盆地区、东部洪积冲积平原。

（3）气候环境。邯郸市属暖温带大陆性季风气候，四季分明。春季风多干旱，夏季炎热多雨，秋季温和凉爽，冬季寒冷干燥，年平均气温13.5℃，最冷月份（1月）平均气温-2.3℃，极端最低气温-19℃，最热月份（7月）平均气温26.9℃，极端最高气温42.5℃，全年无霜期200天，年日照2557小时。

四、交通

（1）铁路。邯郸火车站位于市区中心、和平路的最西端。乘11路、13路、14路、15路、26路、31路公交车可到。京广铁路贯穿南北，邯郸—长治铁路和境内两条支干线构成“8”字形环行铁路，穿绕市区与京广线相贯通。每天有十几班列车可由北京西站到达邯郸，其中T519-520和T525-526次城际列车在北京西到邯郸之间对开，运行4小时20分钟左右，北京西站发车时间为8：53和17：43，邯郸发车时间为8：03和13：50。

（2）公路。邯郸市公路交通四通八达。北京—深圳高速公路纵贯全境，走这条路邯郸至北京只需要 5 个小时，邯郸至石家庄、安阳的时间都大大缩短了。107 国道、309 国道两条国道呈十字形穿过市区，东可到聊城、济南，西可到临汾。

五、自然资源

（1）土地资源。全市严格土地管理，加大闲置土地的收回力度，土地供应在得到控制的前提下，满足了经济社会发展的需要。2015 年土地供应总量 2237.6 公顷，其中：公共管理与公共设施用地 413.5 公顷，占全年供地总量的 18.5%；普通商品房用地 227.0 公顷，占全年供地总量的 10.1%。

（2）植物资源。邯郸境内自然植被类型可分为针叶林、阔叶林、灌丛和灌草丛、草甸、沼泽植被、水生植被 6 种类型。邯郸市的森林植被主要分布在西部山区；草丛植被主要分布在山地丘陵区的沟谷和荒坡，草甸植被遍布全境；沼泽植被和水生殖被主要分布在东部滞水洼地。亚热带树种漆树在西部山区广泛分布。领春木和太行花为邯郸市特有的植物物种。据不完全统计，全市植物分 121 科、1146 种，其中栽培植物达 150 种。邯郸栽培植物资源主要作物有小麦、玉米、稻谷、棉花、花生等，是全国主要的粮棉、禽蛋、蔬菜生产基地，主要土特产品有核桃、柿子、花椒、鸭梨、大蒜、辣椒等。

（3）动物资源。邯郸市野生动物主要为陆栖脊椎动物，其中马类较多，两栖类、爬行类和兽类较少。较大的兽类几近绝迹；哺乳类有豹、狼、狐、獾、狸、野兔、黄鼠狼、刺猬、水貂等；鸟类有麻雀、鸽、喜鹊、燕子、猫头鹰、雕、雉鸡、石鸡、乌鸦、鹌鹑、啄木鸟、布谷鸟、画眉、黄鹂等；鱼类有鲤鱼、草鱼、鲫鱼、鲢鱼、泥鳅、青鱼等；爬行类有龟、鳖、壁虎等。

（4）矿藏资源。邯郸蕴藏有种类繁多的矿产资源，是全国著名的煤和高品位的铁矿石产区，拥有丰富的“两黑”——煤、铁资源，煤炭和铁矿石储量分别达到 40 亿吨和 4.8 亿吨。其中煤炭储量丰富，煤种齐全，煤质较好；铁矿品位高、有害杂质少、可选性好。此外，还有较为丰富的非金属矿资源，如铝矾土、耐火土、硫铁矿、含钾砂页岩、碳石等 40 种以上矿藏。各种矿产地 200 处。

六、经济人口综合

（1）经济总量。初步核算，2017 年全市生产总值 3666.3 亿元，比上年增长 7.1%。其中：第一产业增加值 405.4 亿元，增长 3.3%；第二产业增加值

1783.7 亿元，增长 4.4%；第三产业增加值 1477.2 亿元，增长 11.1%。人均生产总值 38585 元，比上年增长 6.6%。三次产业结构由 2016 年的 12.8∶47.2∶40.0 变化为 11.1∶48.6∶40.3，第三产业比重提高 0.3 个百分点。

(2) 人口。2017 年末全市常住总人口 951.11 万人，比上年末增加 1.83 万人。其中：城镇常住人口 526.1 万人，比上年末增加 18 万人；占总人口比重（常住人口城镇化率）为 55.31%，比上年末提高 1.78 个百分点。户籍人口城镇化率为 43.61%，比上年末提高 1.78 个百分点。人口出生率为 14.41‰；人口死亡率为 7.05‰；人口自然增长率为 7.36‰。

(3) 财政收支。2017 年全市全部财政收入 367.7 亿元，比上年增长 12.8%。其中：一般公共预算收入 220.1 亿元，增长 7.6%。一般公共预算支出 533.9 亿元，增长 0.04%。

(4) 物价。2017 年全市居民消费价格总指数（CPI）比上年上涨 1.4%。其中：城市上涨 1.4%，农村上涨 1.5%。分类别看，食品烟酒类价格下降 0.9%，衣着类上涨 1.7%，居住类上涨 3.2%，生活用品及服务类上涨 1.4%，交通和通信类上涨 0.6%，教育文化和娱乐类上涨 0.6%，医疗保健类上涨 6.1%，其他用品和服务类上涨 2.3%。

(5) 民营经济。2017 年全市民营经济增加值完成 2403.8 亿元，比上年增长 7.3%，占全市生产总值的 65.6%，比重比上年提高 0.5 个百分点；实缴税金 233.3 亿元，增长 21.6%，占全部财政收入的 63.5%，比重提高 4.6 个百分点。

七、农业

2017 年，全年粮食播种面积 1157.4 万亩，比上年减少 14.9 万亩，下降 1.3%；粮食总产量 552.6 万吨，增长 1.1%。其中：夏粮产量 266.9 万吨，增长 1.7%；秋粮产量 285.8 万吨，增长 0.6%。

2017 年，棉花播种面积 85.2 万亩，比上年下降 8.2%；总产量 7.4 万吨，下降 6.2%。油料播种面积 61.9 万亩，下降 1.6%；总产量 15.4 万吨，增长 0.5%。

2017 年，蔬菜播种面积 218.2 万亩，比上年增长 0.6%；总产量 852.6 万吨，增长 2.9%。其中：设施蔬菜播种面积 79.3 万亩，增长 6.9%；产量 287.2 万吨，增长 8.1%。

2017 年，肉类总产量 72.1 万吨，比上年增长 2.5%。其中：猪肉产量 41.9

万吨，增长3.2%；牛肉产量4.6万吨，增长0.02%；羊肉产量5.2万吨，增长2.1%。年末生猪存栏335.8万头，增长0.1%；牛存栏36.3万头，下降2.8%；羊存栏320.5万头，下降0.2%；禽蛋产量117.1万吨，增长2.2%；奶类总产量24.1万吨，下降0.4%；干果产量4.6万吨，增长16.1%；水果产量135.7万吨，增长2.1%。

2017年，水产品产量3.7万吨，比上年增长0.4%。其中：养殖水产品产量2.4万吨，增长1.2%；捕捞水产品产量1.2万吨，下降1.1%。农业产业化经营率68.3%，比上年提高1.3个百分点。

八、工业和建筑业

2017年，全部工业增加值1783.7亿元，比上年增长4.4%。规模以上工业增加值1370.3亿元，增长5.0%。在规模以上工业中，分经济类型看，国有企业增加值下降11.0%，集体企业增长23.0%，股份制企业增长7.5%，外商及港澳台投资企业下降7.5%。

2017年，规模以上工业中，装备制造业增加值244亿元，增长45.3%，占规模以上工业的17.8%，比重比上年提高3.1个百分点；钢铁工业增加值下降13.1%，占规模以上工业的38.4%，比重比上年降低1.4个百分点；建材工业增长11.9%；食品工业增长16.2%；纺织服装业增长9.4%。六大高耗能行业增加值846.1亿元，占规模以上工业的61.7%，比重降低1.6个百分点；下降6.4%。其中：煤炭开采和洗选业下降10.3%，石油加工、炼焦及核燃料加工业下降8.0%，黑色金属冶炼及压延加工业下降12.5%，化学原料及化学制品制造业增长20.3%，非金属矿物制品业增长13%，电力、热力的生产和供应业增长5.0%。高新技术产业增加值209.9亿元，增长30.9%，占规模以上工业的15.3%，比重提高0.8个百分点。其中：高端技术装备制造、新能源、新材料领域增加值分别增长48.8%、43.3%和31.1%。

2017年，全市规模以上工业实现利润285.1亿元，比上年增长55.1%。其中：国有企业1.5亿元，增长0.3%；集体企业0.8亿元，下降23.5%；股份制企业223.6亿元，增长43.4%；外商及港澳台商投资企业58.3亿元，增长136.2%；私营企业249.67亿元，增长59.4%。

2017年，全市建筑业实现总产值481.6亿元，比上年增长1.3%；实现增加值212.94亿元，增长11.98%。资质等级以上建筑业企业房屋施工面积3615.1

万平方米，下降 3.1%；房屋竣工面积 1184.6 万平方米，下降 5.7%。

九、固定资产投资

2017 年，全社会固定资产投资完成 4029.1 亿元，比上年增长 5.5%。其中：固定资产投资（不含农户）3977.9 亿元，增长 5.6%。

2017 年，在固定资产投资中（不含农户），第一产业投资 152.9 亿元，比上年增长 9.9%；第二产业投资 2188.9 亿元，增长 3.2%；第三产业投资 1636.2 亿元，增长 8.8%。工业技改投资 1116.8 亿元，占工业投资比重为 28.1%。民间投资 3124.7 亿元，增长 5.3%。高新技术产业投资 522.9 亿元，增长 13.4%，占固定资产投资比重为 23.9%。其中环保产业、新能源、新材料和高端技术装备制造业投资分别增长 78.0%、41.1%、37.5% 和 17.2%。

2017 年，全市房地产开发投资 475.2 亿元，比上年增长 24.5%。房屋施工面积 2946.6 万平方米，增长 6.9%。其中：本年新开工面积 682.7 万平方米，增长 19.8%；房屋竣工面积 162.6 万平方米，下降 28.7%；商品房销售面积 516.8 万平方米，增长 20.6%。

十、国内贸易

2017 年，全市实现社会消费品零售总额 1674.2 亿元，比上年增长 11.0%。其中：城镇消费品零售额 1271.9 亿元，增长 10.2%；乡村消费品零售额 402.3 亿元，增长 13.4%。

以上批发和零售企业（单位）商品零售额中，粮油食品类增长 19.0%，服装、鞋帽、针纺织品类增长 10.2%，化妆品类增长 12.6%，金银珠宝类增长 6.3%，日用品类增长 13.5%，家用电器和音像器材类增长 14.3%，中西药品类增长 8.4%，文化办公用品类增长 9.8%，家具类增长 10.6%，通信器材类增长 2.2%，石油及制品类增长 33.9%，汽车类增长 5.9%，建筑及装潢材料类增长 11.8%。

十一、对外经济

2017 年，全市进出口总值 148.5 亿元，比上年下降 10.9%。其中：出口 91.5 亿元，下降 11.5%。全市实际利用外资 10.9 亿美元，比上年增长 6.9%，其中：外商直接投资 10.7 亿美元，增长 10.6%。

十二、社会事业

（一）教育事业

全市小学招生 18.03 万人，初中招生 13.02 万人，高中招生 5.08 万人。现有幼儿园 2175 所，在园幼儿 35.75 万人，专任教师 16792 人；小学 1809 所，在校学生 97.06 万人，专任教师 46331 人；普通中学 385 所，在校学生 52.12 万人，专任教师 38155 人；中等职业学校 67 所，在校学生 81204 人，专任教师 5165 人。小学适龄人口入学率达到 100%，初中适龄人口入学率达到 100%，初中毕业生升学率达到 95%。

全市高考参考人数 35050 人，本科总上线人数达到 24088 人，上线率为 68.7%。其中：一批上线 4121 人，上线率 11.8%；二批上线 13145 人，上线率 37.5%；三批上线 17784 人，上线率 50.7%。

（二）著名学校

（1）河北工程大学。河北工程大学是河北省重点骨干大学，河北省人民政府、水利部共同建设高校。学校总占地面积 2125 亩，校舍建筑面积 90 余万平方米，占地 4098 亩的新校区正在建设中。现有教职工 2183 人，副高职以上人员 819 人，专任教师 1472 人，具有博士学位教师 327 人。现有全日制博士、硕士研究生 1541 人，普通本科生 30229 人（其中科信学院 8870 人），外国留学生 128 人。

（2）邯郸学院。邯郸学院是教育部批准的全日制公立普通本科院校。办学历史可以追溯到 1905 年成立的邯郸县初级师范学堂，其后几经分合变迁，薪火相传，1982 年升为邯郸师范专科学校，2000 年与邯郸市第一教育学院、第二教育学院、幼儿师范学校合并，2004 年升格为本科院校。学校现有教职工 940 人，专任教师 606 人，其中教授、副教授占 38.1%，博士硕士 72.9%。全日制本专科在校生 13643 人，成人学历教育在籍学生 4280 人。建有 14 个二级学院，49 个本科专业，27 个在招专科专业，涉及 9 大学科门类。目前，校区占地 699.56 亩，建筑面积 30.85 万平方米。

（3）邯郸市第一中学。邯郸市第一中学始建于 1945 年，是河北省首批命名的 24 所重点中学之一，河北省首批示范性普通高级中学。学校现分为三个校区，南校区为邯郸市第一中学本部，总占地面积101050平方米（151.5亩），毗邻燕赵古迹武灵丛台；北校区坐落在美丽的沁河之畔、学步桥边，教学设施建筑总面积达58722平方米，两校区隔河相望。在2011年新建成了西校区，位于中华南大街的南部邯郸县，是三个校区最大的校区，为西校区，是理科实验部高一、高二、高三的校园学校。

（4）邯郸市第二中学。邯郸市第二中学始建于1954年，是河北省重点中学、省示范性高中，现有教职工295人，46个教学班，在校生2000余人。学校曾荣获国家级模范职工小家、省文明学校、省先进基层党组织、省安全文明校园、省AAA级和谐校园、邯郸市高考成绩优秀学校等荣誉称号，2013年又荣获全国百所最具发展潜力的学校殊荣。

（5）邯郸外国语学校（邯郸市第三中学）。邯郸市第三中学成立于1956年，系省级示范性高中。1999年经河北省教委批准为“河北邯郸外国语学校”校牌。学校地处市中心和平路中段，分高中部、初中部、国际部三个校区，占地104亩，建筑面积41900平方米。现有教学班88个，在校学生7000余人，教职工475人，其中专任教师430人，高级教师130人，中级教师133人，河北省新世纪“三三三人才工程”4人，省特级教师9人，国家、省级骨干教师16人，国家、省、市级模范教师30余人。专任教师中硕士研究生100余人，学历达标（本科）率为100%。

（6）邯郸市第四中学。邯郸第四中学是一所有着60年历史的河北省示范性高中。学校占据良好的区位优势，办学条件取得跨越式提升，现有教职员工近500人，其中特级教师8人、高级教师160人，占教师队伍的40%，学校拥有一流的师资队伍，是目前邯郸市历史最早、规模较大的寄宿制高中，寄宿管理经验丰富，特别是2014年学校实行全封闭管理以后，学校科学规划，在精细化管理、高效课堂改革两个主要方面做足文章，使得校风学风更加优质。

（7）武安市第一中学。武安市第一中学始建于1951年，是武安大地上第一所中学，60年的办学历史使学校积淀了深厚的文化底蕴。1984年学校被省政府命名为首批24所重点中学之一，2001年被教育厅命名为河北省示范性普通高级中学。学校位于风景秀丽的武安市洺湖公园北侧，占地420亩，总建筑面积18万平方米，校园建筑气势恢宏，布局合理，分教学、运动、生活、服务四大功能区域。

（8）魏县第一中学。魏县第一中学始建于1951年，系河北省示范性高中，现有教职工397名，专任教师294名，其中特级教师2名、高级教师91名、中级教师118名，国家、省、市名师、优秀教师115名，现有80个教学班，在校生5000余人。2003年迁入现址，占地近300亩，目前学校已投资1.2亿元，建成六栋教学楼、四栋实验楼、六栋宿舍楼，一座学生餐厅和标准运动场，总建筑面积10万余平方米，绿化校园60000余平方米；建设了校园网、实验室、微机室、音乐教室、舞蹈教室、通用技术室、阅览室和大型图书馆；班级均装备了多媒体教学系统，实现了多媒体教学。

（9）大名一中。大名一中1945年建校，2005年被评为河北省省级示范性高中，是大名县唯一一所省级示范性高中。学校占地252亩，生均面积37.5平方米；绿化面积8.24万平方米；校舍建筑面积8.92万平方米，生均面积19.9平方米。四年来，曾荣获“省级安全防范先进单位”“省级文明单位”“市高考优秀奖”“优秀校领导班子”等省、市、县荣誉40余项。现有在校生4480余名，共有71个教学班；教职工322名，专任教师312名，其中研究生学历18名，本科学历294名，学历达标率为100%；中学高级教师94名（含中学特级教师2名）、中学一级教师125名、中学二级教师93名。

（10）涉县第一中学。涉县第一中学创建于1951年，原名“涉县中学”，校址在县城南关村，1952年迁入北关，1955年学校更名为“涉县第一中学”。1958年涉县一中和涉县二中合并，复更名为“涉县中学”。1965年被认定为河北省首批重点中学，1999年学校再次更名为“涉县第一中学”。2005年被认定为省级示范性高中。学校占地270亩，建筑面积137467平方米，教学班120个，可容纳学生6000名，投资近2亿元。分办公、教学、活动、生活四个区，设计理念先进，建筑风格典雅，环境优美宜人。

（11）峰峰第一中学（河北峰峰春光中学）。河北峰峰春光中学，是一所充满青春活力与创新精神的省级示范性高中，2016年4月更名为河北峰峰第一中学。学校现有56个教学班，在校生3320人，教职工283人（专任教师230人，其中：研究生学历36名，获省市骨干、特级和优秀科研型教师荣誉称号的有58名）。

（三）科学技术

全市共取得各类科技成果171项，其中达到国际领先水平以上成果2项，国际先进水平11项；国内领先水平111项，国内先进水平47项。获得2017年度省科学技术奖 22 项，其中一等奖 1 项、二等奖 2 项、三等奖 19 项；市科技进步奖 76 项，其中一等奖 15 项、二等奖 23 项、三等奖 38 项。新通过国家认定高新技术企业 72 家。全市专利申请量 4803 项，专利申请授权量 3305 项，发明授权量 241 项。

（四）文化事业

2017 年末全市共有公共图书馆 19 个，总藏书 201.4 万册。家庭宽带用户 165.3 万户，增长 23.6%。广播、电视综合覆盖率分别达到 99.99% 和 98.90%。

（五）医疗卫生

2017 年末全市共有卫生机构 8640 个，其中医院 184 个、乡镇卫生院 214 个。医疗卫生机构共有床位 41040 个，其中医院 30054 个、卫生院 10986 个。全市卫生技术人员达到 40679 人，其中执业（助理）医师 17691 人、注册护士 14747 人。新建改建 3 所县级医院和 20 所乡镇卫生院，城市社区卫生服务中心覆盖率达到 100%。新农合参合率达到 98.69%。

（六）体育事业

2017 年先后组织 1100 余名运动员参加了省级以上比赛；获得省级以上金牌 50 枚。体育设施方面，全市拥有体育场 5 个，室内游泳场 10 个，运动场 30 个。

（七）社会保障

全市城镇新增就业 16.9 万人，下岗失业人员再就业 4.38 万人，其中就业困难对象再就业 1.52 万人，分别完成目标任务的 161%、147.5% 和 158.3%。城镇登记失业率 3.54%，在省控指标 4.5% 之内；农村劳动力转移就业总规模达到 265.06 万人，比上年新增 13.35 万人；农村富余劳动力向非农产业转移新增 7.23 万人。

继续优化中心城市空间结构，部分县区行政区划调整稳步实施。省、市重点项目分别完成投资 252.5 亿元和 965 亿元，超年计划 31.7 个和 20.6 个百分点。东区供排水、供气、供热等市政设施开工建设，东军师堡完成征迁，西军师堡回迁房建设加快，“三路一场”回迁房竣工入住，河北工程大学迁建启动。滏阳河酒吧街基本建成，串城街改造加紧施工，世纪大街、东柳大街南延竣工通车，

“两高”沿线和北环路综合整治成效明显，绕城高速公路实现闭合通车。县城承载力明显增强，按照“3+X”思路，建成40个美丽乡村精品村，馆陶县寿东村被评为全国十大最美乡村。

十三、历史文化

（一）文化现象

邯郸市是“国家历史文化名城”，早在8000多年前新石器早期磁山先民就在这里繁衍、休养生息。在邯郸悠久历史的进程中，孕育并积淀了深厚的历史文化，这是先人留给后代子孙的一笔弥足珍贵的精神财富。绵绵8000余年的历史铸造成了邯郸十大文化脉系。

【赵文化】以胡服骑射为代表的赵文化，其基本内涵为开放、进取、包容，展现出赵国在逐鹿中原时表现出的改革创新精神。它是中华民族古老文化的源头之一，是华夏文化与北方草原游牧文化的交汇、融合和升华的结晶，具有中原华夏文化和北方草原文化构成的二重性，集中反映了北方地区诸民族冲突与融合的过程。它丰厚博深、魅力四射、光彩照人，是邯郸地域文化的代表。赵文化滥觞于春秋，兴旺于战国，延续至两汉，在历史的长河中流淌至今，形成了自己独特的风韵。这里产生了发达的冶铁、制铜、制陶等手工业，形成了繁荣的城市商业贸易，孕育了荀子、公孙龙等一代学术大师，涌现出赵武灵王、廉颇、蔺相如、赵奢等一批慷慨悲歌的英雄人物。它与燕文化共同构成了中国古代北方文化的概貌。赵文化的主流内涵是“开拓进取，竞争图强，兼收并蓄，改革创新”，贯穿其中的以人为本、广揽贤才、团结向上、忠勇报国等思想，对于我们今天解放思想、改革开放仍然具有极其重要的现实意义。

【磁山文化】磁山文化是我国新石器时期的古文化，是我国以粟作农业和定居生活为特点的原始农耕文化的典型代表，表现出人类利用自然、与自然相融合的奋斗精神，因最早发现在武安的磁山遗址而命名。经科学测定，距今已有8000多年的历史。1976年开始考古发掘，出土陶、石、骨、蚌器5000多件和大量家禽家畜、胡桃等动植物标本，还发现了约10万余斤炭化的粟，磁山被确认为是世界上粮食作物——粟的最早发源地，还是中国家鸡和中原核桃最早的发现地。农作物“粟”（谷子）、家鸡和胡桃（核桃）三大发现，不仅反映了磁山先民在认识、利用和改造自然过程中为人类生存与发展做出的巨大贡献，还改写了我国乃至世界粟作农业、家鸡驯养和核桃产地的历史。以陶质平底盂、鸟头形支脚为特点的生活用具，以石制斧、铲、磨盘、磨棒为特点的农耕和脱粒工具，以长方形坑穴为特点的粮食窖穴，以陶、石器“组合物”为特点的祭祀遗迹等，构成了磁山文化独特而丰富的内涵。磁山文化被誉为“中华瑰宝”，是我国新石器时代考古的一项重大突破。

【女娲文化】在涉县的古中皇山上坐落的娲皇宫，传说是华夏始祖女娲氏“炼石补灭，抟土造人”的地方。娲皇宫因此而得名。因女娲抟土造人，又是人类的创造者，故被世人尊称为“华夏祖庙”。娲皇宫建造在悬崖峭壁上，阁楼高悬、构造奇巧，被称为河北古建筑十大奇观之一。经考察娲皇宫开凿的石窟和摩崖刻，认为它始建于北齐天保年间，距今已有1450余年，后经历代相继扩修，逐渐形成今日规模。相传农历三月十五日为女娲的诞生之日，每当此时举办娲皇庙会，来自周边数省的游客云集此地祭祀女娲。千百年以来，流传在这里的民风民俗、民间信奉和神话传说形成了丰富的文化，在中原大地远近闻名。以娲皇宫为代表的女娲文化，展现了女蜗在洪荒之世，与自然抗争，改造自然、造福苍生的不屈精神，表现出中华民族自强不息的民族精神。

【曹魏建安文化】位于临漳县西南的古邺城遗址是东汉末年至魏晋时期中国北方政治、经济、军事文化的中心。在东汉未年至隋统一的400年间，为北方著名的古都，曹魏、后赵、冉魏、前燕、东魏、北齐相继在此建都。战国时期西门豹治邺而显名于世，东汉末年孕育出了文学史上璀璨的“建安文学”。著名的政治家、军事家和诗人曹操，在邺城聚集了以曹氏父子和建安七子为主体的“邺下文人集团”，辞赋慷慨，谈诗论文，开一代风格刚健、情调激越之文风，留下了大量的词赋文论作品，在中国文化宝库中占有极其重要的地位。地处黄河之北的邺城，散布在漳河之滨的百余座东魏北齐皇陵和众多的寺庙遗址，书写着它曾经的辉煌。铜雀三台和邺城的建筑格局，对隋唐长安都城、元大都（北京城）、日本奈良城乃至后世的都城建筑都产生过重大影响。以邺城为依托的建安文化，是建安文学的摇篮，民族融合的结晶、中国文化史的奇观。

【北齐石窟文化】以响堂山石窟和娲皇宫石窟为代表的北齐石窟文化，是中国佛教雕刻艺术的宝藏，这里有世界上最大的摩崖刻经群，代表了北朝时期佛教发展的最高成就。响堂山石窟是北齐最大的佛教石窟寺院，是位列中国云岗、龙门、敦煌、麦积山四大名窟之后的全国第五大石窟群，也是北齐佛教雕刻艺术的宝藏。它始建于北齐，经隋、唐、宋、明历代开凿续修，共有大小洞窟16座，造像 4300 多尊。它一方面是中西方文化互相融汇过程的历史体现，另一方面是南北方文化相互渗透的历史见证，是中国佛教雕塑艺术汉化过程中承上启下、融会贯通的重要环节。娲皇宫石窟现存北齐佛教刻经 6 部，共计约 13 万字，是国内摩崖刻经保存文字最多最完整的一处，是研究中国佛教史和校勘中国佛教史籍的重要实物资料，也是北朝书法艺术的精品。

【梦文化】以“一枕黄粱”名梦和黄粱梦吕仙祠古建筑群为代表的梦文化，蕴含着极为深厚的中国哲学思想，表现中华民族对于美好事物的向往和执着追求。产生于唐代的黄粱美梦传奇故事，就发生在邯郸的黄粱梦镇。从古到今，黄粱一梦以及由此演绎、发展而形成的“梦文化”在中国博大精深的历史文化典藏中，留下了一幅幅浓墨重彩的绚丽画卷。黄粱梦的美妙故事不仅在中国家喻户晓、妇孺皆知，甚至登上了日本小学的教课书。梦文化涵盖历史、心理、生理、民俗、宗教、文艺等领域，具有神秘的特性。依据唐传奇《枕中记》而建的千年古观“黄粱梦吕仙祠”，建筑规模宏伟，内有中国“名梦馆”，是研究中国“梦文化”的集大成之地，也是中国“梦文化”唯一的载体，它对中国小说、戏剧、诗文的创作都产生了重要的影响。

【磁州窑文化】磁县、峰峰矿区的西部地区，位于绵延的太行山余脉，这里蕴藏着大量的高岭土，是制作陶瓷的天然原料。从北齐时期就已开始烧造瓷器，并逐渐形成了漳河流域的观台和滏阳河流域的彭城两大窑场。宋元时期逐渐发展成为北方最大的民间瓷窑，从此薪火相传，绵延千年。其造型优美、装饰手法丰富、色彩对比强烈、题材广泛、技艺高超，瓷器产品在艺术上表现了强烈的民族意识，它创造的白地黑花的装饰艺术，集诗、书、画于一体，独具浓郁的乡土气息，代表了古代北方民窑的最高水平。古来就有“南有景德，北有彭城”“千里彭城，日进斗金”之说。磁州窑以粗犷、豪放、潇洒的艺术风格独树一帜，创造了宋金元时期民间瓷艺的最高成就，体现出民间工艺强大的生命力。磁州窑文化在中国乃至世界陶瓷文化艺术中都占有极其重要的地位。

【广府太极文化】灿烂的东方文明，孕育了博大精深的太极文化。清朝道光年间，在中国邯郸的永年县广府城，诞生了一代太极宗师——杨露禅和武禹襄，使永年县成为中国太极拳两大流派——杨式太极拳和武式太极拳的中兴发祥之地。在此后的 100 多年中，杨式和武式太极拳广为传播，尤其是杨式太极拳开武术健身之先河，使太极拳易于习练，成为强身健体的体育项目。太极拳作为祖国传统的文化艺术瑰宝，从这里走遍全国、走向世界，成为亿万民众热爱的体育健身运动。太极拳以集武术、医术、导引术为一体的人体文化，引起了世界各国专家、学者及爱好者的重视和喜爱，广府的太极拳文化已作为中国的国粹载入史册。永年因而被命名为“中国太极拳之乡”。如今，以杨露禅和武禹襄为代表的广府太极文化，已成为河北乃至中国向世界传播健康和友谊的纽带。

【成语典故文化】邯郸作为国家历史文化名城，其广袤地域的辉煌历史、深厚丰腴的文化积淀为邯郸留下了众多的名胜古迹和历史故事，凝聚成了脍炙人口的成语典故。据不完全统计，由邯郸历史和相关史书中滋生、蕴积、提练出的具有邯郸地方特色或与邯郸有密切关系的成语典故达1500条之多，如“胡服骑射”“邯郸学步”“完璧归赵”“负荆请罪”等，它们因言简意赅、精辟神妙、富于哲理、寓于情趣、耐人寻味而成为中国汉语言艺术中的一朵奇花。邯郸的成语典故，集中原与边塞之风韵、蕴文化与哲理之内涵，在华夏历史文化长廊中独树一帜，堪称国之瑰宝。这些成语典故中，具有完整故事情节的有500条之多，另外还有众多的成语典故遗址景观。位于邯郸市赵苑景区内的“成语典故苑”，占地102亩，以园林为载体，以发生在邯郸的成语典故为内容，以碑刻、浮雕、绘画、自然山石象形喻义等多种艺术手法为表现形式，将发生在邯郸的成语典故再现世人面前。它以古喻今，鞭策鼓励后人，是中国唯一的以成语典故为主题的文化园林。2005年10月26日，经中国文联批准，由中国民间文艺家协会在邯郸市举行命名颁牌仪式，授予邯郸市“中国成语典故之都”称号。成语典故文化已成为邯郸市十大文化脉系中一颗璀璨的明珠。

【边区革命文化】邯郸在中国抗日战争和解放战争中，是晋冀鲁豫解放区的中心。刘伯承、邓小平及其领导的八路军一二九师以太行山为战场，英勇抗击日本侵略者，展现出边区人民的浩然正气和民族之魂。刘伯承、邓小平等人运筹帷幄、决胜千里之外，在这里指挥大小战役3100多次，为中国人民的解放事业立下不朽的功勋，形成了光彪史册的革命军事文化。从这块红色土地上走出的300余位将帅，成为新中国第二代领导集体的中坚力量。《人民日报》《人民画报》在邯郸创刊，中央人民广播电台的前身华北新华广播电台在邯郸开播。在抗战中创建于邯郸的《人山报》影响深远，边区革命文艺活动和创作演艺队伍在这里培养、成长、壮大，催生出了如火如荼的边区大众文化。现代最早的纪念性建筑——晋冀鲁豫烈士陵园和涉县的“一二九师司令部旧址”及“陈列馆”名列全国百个爱国主义教育示范基地。

（二）地方风俗

【元宵节】农历正月十五　在邯郸西部有元宵节荡秋千的习俗，从正月初十开始搭建秋千架，到十四、十五两天达到高潮，基本上所有的人都参与了这一活动。届时，各个村镇之间还会举行荡秋千比赛。

【乞巧节】农历二月初二　在磁州附近的山村里至今还有二月二乞巧的习俗。这一天，姑娘们结伴到附近的小山上自制"乞巧饭"，焖小米饭、包水饺、煮米粥都行，最重要的一项是到旁边的灌木丛中找一种红色的野生植物果实（相传这种果实有让人手变巧的功能），将其放入锅中，然后每一个姑娘都蒙住眼睛，用筷子夹着吃，每人吃之前锅里都要保证有 7 个，吃到的越多，手就会越巧。

【丛中花会】农历二月十四至二月十六　丛中是邯郸的一个镇，早在明太祖年间，这里就开始举行民间花会表演。花会表演分为四组，共有 20 多种表演形式，如造型艺术、武术、杂耍等，内容都以老百姓喜闻乐见的一些老故事或历史故事为主。届时在大街小巷都可欣赏到精彩的演出，人们往来穿梭，络绎不绝、热闹非凡。

【六月六敬谷神】农历六月初六　在邯郸西部的武安一带至今还流行着敬谷神的习俗。六月六前后，当地谷苗都已出穗，远远望去一片金黄。为了庆祝，也为了祈求来日的风调雨顺，这一天，家家户户都要蒸馍、豆包，并把自家蒸出的馍带到自家的地里，以祈求五谷神能赐给人们一年的好收成。

（三）方言俚语

土俗语，是来自民间的语言，是在悠久的历史长河中形成的地域语言文化现象。邯郸是一座历史名城，地处晋冀鲁豫四省交界，而且文化积淀深厚。因此，在邯郸地方人们的口头语言中，历经世代传承，兼收并蓄四面八方的方言、俚语，形成了色彩浓重、独具特点的邯郸土俗语。这些土俗语汇在邯郸流传了千百年，其含意有些只有当地人才能听得懂，形成了一种独有的语言文化。但是，因为其历史久远或方言特色太重，人们对这些土俗语的由来、流变和真实内涵，未必能一一道出其详。

（四）名优特产

燕赵故都、成语之乡、太极之城邯郸，是久负盛名的国家历史文化名城。早在10300年前的新石器早期，先民就已在邯郸磁山一带繁衍生息。在悠久的历史进程中，邯郸古地孕育并积淀了深厚的文化气息。悠久的历史不但赋予了邯郸多彩纷呈的人文气息，还成就了一方璀璨的民俗文化，使得邯郸非物质文化遗产与物质文化遗产一样凸显了邯郸历史文化名城的历史与文化底蕴，彰显了名城举足轻重的地位。

【丛台酒】以邯郸城市象征、著名战国遗址“丛台”命名，1979~1988年先后被评为“国家优质酒”，荣获国家质量奖银质奖章、“中华文化名酒”、“河北省著名商标”，蝉联历届河北省白酒评比名酒称号。在广大消费者心中享有“南有茅台、北有丛台”和“河北第一名酒”的美誉。

【涉县核桃】邯郸市涉县特产，涉县“三珍”之一。中国国家地理标志产品。涉县是中国核桃之乡，核桃栽培历史悠久，其产量高、品质优，被评为“中华名果”，入选“2008北京奥运会推荐果品”。

【活水熏醋】其熏醋以“天下第一醋”的美称享誉神州大地，驰名中外，倍受青睐。早在宋太祖年间，祖传醋就以质量具佳携带方便，曾选入宫廷，列为膳食佳品。

【魏县鸭梨】早在隋唐时就有记载，北宋已有大面积栽培，至今已有2000多年的历史。魏县适宜的土壤气候条件，孕育了魏县鸭梨独特的品质，以个大皮薄、色艳肉细、核小渣少、酸甜适宜、果型端正而享誉海内外，著名的“天津鸭梨”就产于魏县。魏县鸭梨平均单果重225克，最大可达到650克，可溶性固形物含量平均11%以上，最高达16.3%，具有生津润肺、解酒醒脑、清心降火、润肤美容之功效，极具保健价值。

【五百居香肠】制作技艺始创于清道光元年（1821年）。当时，山东济南府的王湘云来大名谋生，在城内道前街关帝庙西边开设了一家制作香肠及熟食制品的店铺。因大名距济南约500华里路程，故取店铺名“五百居”。“五百居香肠”色泽纯正、条杆均匀、香味醇厚、肥瘦适宜、甜咸适中、软滑利口、越嚼越香、回味悠长、独具一格，成为当时官府佐餐和宴会上不可缺少的上等菜肴。于是“五百居”成为了名贵香肠的美称。

（五）风景名胜

（1）娲皇宫及石刻。涉县娲皇宫为国家AAAAA级景区、全国重点文物保护单位。始建于北齐，是神话传说中女娲氏“炼石补天，抟土造人”的地方，由朝元宫、停骖宫、广生宫和娲皇宫四组建筑组成，占地面积 550 亩。计有古建筑 135 间、北齐石窟 3 个、北齐摩崖刻经 6 部，集古建、石窟、石刻、石造像于一体，是我国最大的奉祀中华始祖女娲的古代建筑群，自古就有“蓬壶仙境”之美誉。其中的北齐摩崖刻经群是娲皇古迹之精髓，共刻有 6 部经书：《思益梵天所问经》《十地经》《佛垂般涅槃略说教诫经》《佛说盂兰盆经》《深密解脱经》《妙法莲花经》。刻经面积 165 平方米，分 5 处刻于崖壁之上，共刻经文 13.7 万多字，字体有隶、楷、魏碑体，“银钩铁画，天下绝奇”，堪称艺术珍品，是我国现有摩崖刻经中时代最早、字数最多的一处，也是我国佛教发展史上，特别是佛教早期典籍中弥足珍贵的资料，对于研究我国早期佛教地域、流派及书法镌刻演变历史有着重大意义和价值，经考证为“天下第一壁经群”。

（2）一二九师司令部旧址。一二九师司令部旧址爱国主义教育基地位于涉县城西 5 公里的赤岸村，由一二九师司令部旧址、将军岭和一二九师陈列馆三部分组成，占地面积 300 亩，为全国重点文物保护单位。抗日战争时期，涉县是边区根据地的腹心地、首府县，地处华北抗战前哨，为华北抗战战略要地，八路军一二九师在刘伯承、邓小平等领导人的率领下，临危受命、东渡黄河、挺进太行，运筹涉县赤岸村，浴血千里太行山，打响了抗日战争中长生口、神头岭、响堂铺和解放战争中上党、平汉等著名战斗、战役，曾有 110 多个党、政、军、财、文等机关单位在涉县驻扎，历时长达 6 年之久。新中国成立，从这块红色土地上走出了我国改革开放的总设计师邓小平和 2 位元帅、3 位大将、18 名上将、48 名中将、295 名少将，先后有近百名一二九师老领导担任党和国家重要职务，成为中国第二代领导集体的中坚力量，开创了中国改革开放的历史新纪元，这块红色热土因此被誉为“中国第二代领导的摇篮”。

（3）武灵丛台。武灵丛台位于邯郸市中华大街的丛台公园内。相传始建于战国赵武灵王（公元前 325 ~ 前 299 年）时，建此台的目的是为了检阅军队和观赏歌舞，因楼台众多，故名丛台。根据考证其出土文物，丛台确应始建于战国时代，是邯郸市著名的战国时代的古迹。2000 多年来，丛台犁镜兴衰枯荣，阅尽人世沧桑，在漫长的岁月里，它经历了无数次的天灾人祸，多次改修重建，较之原建筑有了很大的变化。现在的丛台，占地 3500 平方米，高 27 米，由青砖包砌而成，分上、中、下三层。下层南北各开一门，进南门沿台阶拾级而上，可达台的中层，中层距地表 7 米，台面有武灵馆、回澜亭等建筑。由回澜亭往东进门楼，顺台阶环绕而上，可达丛台的上层，上层台面距今地表 13.5 米，圆形，直径 29 米。台上建有据胜亭，面积 100 平方米，高 13 米，为四角攒尖重檐，亭角微翘。丛台的四周遍布花草，是现代人休闲旅游之地，它是赵都历史的见证，是古城邯郸的象征。现为河北省重点文物保护单位。

（4）广府古城。广府城也称永年城，位于永年县政府所在地临洺关偏南 25 公里处，现为河北省重点文物保护单位，有 2500 多年的历史。现存城墙为明代时重修，高 12 米、宽 8 米，城内面积 1.5 平方公里。城墙保存基本完整，总周长有九里十三步之说。明代时有四瓮城和四城门，每道城门上都建有城门楼，四个角有角楼。城墙上有 26 座铺舍，1572 处垛口。城外的护城河两岸遍植垂杨柳，由四座吊桥沟通内外，形成一座坚实的城堡。外可御敌，内可防洪；进可攻，退可守，广府城也因此成了历代兵家的必争之地，战火烽烟连续不断，可谓历尽沧桑，饱经战乱了。在解放战争时期，广府城因为易守难攻，成了华北平原最后一座被解放的城镇。现仅东门和西门存有瓮城，城门楼和角楼均不复存在。就全国来说，保存如此完好的古城也是不多见的，况且广府古城是一座水城，周围是万亩洼地和一望无际的芦苇，加上这里是杨、武式太极拳的发祥地，是集古城、水城、太极城于一体的名城，这些特点更是其他古城无法比拟的。

后　记

生活在邯郸这个城市已经30多年，这是我人生中最长的一个居住地，也将伴我生存与生活下去。在生活、学习、工作中，每每去到一个地方参观都会有不同的感想，一直以来，总想把这种感想表达出来，只苦于自己文笔有限。在生活与工作的过程中，一段段震撼灵魂的故事、一个个感人至深的人物、一句句动人心弦的话语、一个个文化事例的历史荡涤，冲击着心灵，震撼了灵魂，鼓励我不断前行！

邯郸不是我一个人的邯郸，是我们祖国的文化瑰宝之地，其文化的脉系真的要依仗无数的专家学者和人民去开发与践行，托起文化的力量、弘扬文化的张力、拓展文化的传承，一个人的能力是有限的，文化挖掘与文化彰显要靠大家共同努力，文化自信是中华文化力量彰显的最终表达！

鉴于此，本人用微薄之力，描述微薄之事，以达抛砖引玉之目的。让我们共同携手打造文化自信的源泉与力量！